W0178652

BÄRBEL FASCHINGBAUER

DER
HAUS
BAUM

WIE MAN DEN BAUM
FÜRS LEBEN FINDET

06 DER HAUSBAUM

18 PORTRÄTS DER HAUSBÄUME

20 KLEINE VORGÄRTEN

DER HAUSBAUM

ZU EINEM HAUS GEHÖRT
EIN BAUM. DAMIT ZIEHT EIN
FREUND FÜR DAS GANZE
LEBEN IN DEN GARTEN EIN.

GUTE GRÜNDE

Warum Sie einen Hausbaum pflanzen sollten?
Nichts markiert die Verwurzelung mit einem Ort so sehr wie ein Baum,
der genau zum Haus und seinen Bewohnern passt.

Ein Hausbaum ist nicht irgendein Baum. Er entstammt der schönen Tradition, zu jedem Hof oder Haus oder zu bestimmten Anlässen einen dazugehörigen Baum zu pflanzen. Zu Hochzeiten, Geburten, zum Hausneubau oder besonderen Jahrestagen gehörte es dazu, dass ein Baum auch die kommenden Generationen daran erinnern würde.

Die heutigen Garten- und Grundstücksgrößen erlauben aber nur selten eine ausladende Walnuss oder eine große Linde, die sich über mehrere Generationen hinweg zu einem imposanten Baum entwickelt, unter dem die Familie im Sommer an gedeckten Tischen

Ein Baum am Haus liefert zu jeder Jahreszeit neue Attraktivitäten.

tafelt. Viel häufiger ist eher für einen kleinkronigen Baum Platz, der zwar den Gedanken aufnimmt, mit dem Haus verwurzelt zu sein, aber dafür nicht gleich den gesamten Gartenraum in Beschlag nimmt.

Trotzdem ist die Hausbaum-Idee auch in modernen Garten- und Siedlungsräumen nicht allzu schwer umsetzbar, denn für jede Grundstücksgröße, für jedes Haus und für jede Familie gibt es den passenden Baum. Gerade in dicht bebauten Gebieten mit ähnlichen Fassaden und Straßenbildern ist der eigens ausgewählte Hausbaum ein wahrer Individualist mit Persönlichkeit. Er begleitet Haus und Familie ein Leben lang, verändert sich im Lauf der Jahreszeiten und von Jahr zu Jahr, und nicht zuletzt zeigt er an, wo man zu Hause ist. So ein Hausbaum ist ein treuer Freund, den man sich fürs Leben in den Garten holt. Er muss ja nicht gleich XL-Format haben, es gibt auch für kleinere Gärten und Vorgärten genügend Auswahl.

HAUSBÄUME SPRECHEN EINE EIGENE SPRACHE

Hausbäume hatten einst auch ganz praktische Gründe. Nah beim Haus sollte er für Schatten sorgen, raue Winde abhalten oder sogar die Speisekammer füllen. Nüsse, Äpfel, Birnen, aber auch Lindenblüten für Tee oder Kirschkerne für wärmende Kissen waren nützliche Zugaben, die der Baum lieferte. Doch nicht selten wurde der Baum nach seiner

Der Hausbaum ist ein Symbol dafür, an einem Ort verwurzelt zu sein.

Symbolkraft ausgewählt. Wussten Sie zum Beispiel, dass Linden für Heimat, für Güte, Mütterlichkeit und Gerechtigkeit stehen? Auch Holunder ist ein traditionelles Hausgehölz. Wegen der Heilkraft, der seinen Bestandteilen zugesprochen wird, steht er einerseits für die Apotheke am Haus, andererseits galt Holunder in früheren Zeiten als Bewahrer vor allem Unheil. Dass man sich von seinem Hausbaum die Fähigkeit erhoffte, vor Unwetter, Krankheiten oder bösen Geistern zu schützen, war nicht ungewöhnlich. Ganz so hohe Erwartungen muss ein Baum heute zwar nicht mehr erfüllen. Dafür hat er andere Herausforderungen zu meistern, die zeitgemäße Wohn- und Siedlungsformen so mit sich bringen. Deshalb rücken mit dem Klimawandel neue Baumarten in den Fokus, die besser mit extremen Wetter- und Standortsituationen fertig werden.

EINE GUTE WAHL

Wer es etwas weniger mythologisch mag, für den ist ein Baum auch einfach ein schönes Symbol dafür, an einem Ort angekommen und zu Hause zu sein. Der Hausbaum wird wohl keinen Umzug mitmachen, sondern im Idealfall ein paar Generationen von Bewohnern überdauern. Umso wichtiger ist es also, den passenden auszusuchen, denn nichts ist trauriger, als ein Baum, der lästig wird. Dann muss er entweder ständige Schnittmaßnahmen erdulden oder am Ende sogar das Feld räumen. Zum Glück ist die Auswahl groß genug, und ziemlich viele Wünsche und Ansprüche an den Hausbaum sind erfüllbar. Schöne Blüten oder besondere Blattfarben, nicht zu groß, nicht zu klein, eine malerische Wuchsform, eine kompakte Krone – nehmen Sie sich Zeit dafür, Ihren Baum auszuwählen. Dann wird er bestimmt der gute Geist des Hauses.

WELCHER BAUM DARF ES SEIN?

Ein Hausbaum kann viel mehr, als nur ein wenig Grün vor das Haus zu bringen. Suchen Sie sich die speziellen Eigenschaften aus, die Sie an einem Baum schätzen, dann werden Sie schnell Ihren Lieblingsbaum finden.

Der richtige Baum muss es sein, doch um den zu finden, sind ein paar Fragen im Vorfeld zu klären. Denn der Hausbaum muss in erster Linie zu seiner Familie und zum Haus passen. Vielleicht haben Sie bestimmte Vorlieben für besondere Blatt- oder Blütenfarben? Oder freuen Sie sich über das Summen der Bienen in den Blüten und möchten Vögel beobachten, wenn sie sich an Beeren und Früchten bedienen? Möglicherweise gibt es eine Familientradition für einen bestimmten Baum? Vielleicht steht Ihr Haus in einer Straße oder auf einem Flurstück, dessen Namen eine Verbindung zu einem Gehölz hat? Das können ja dann schon mal erste Auswahlkriterien sein. Wohnen Sie allerdings im Eichen-

Rotlaubige Gehölze, wie der Spitzahorn 'Crimson King', setzen markante Farbpunkte.

weg und wünschen sich einen kleinkronigen Baum, gibt es zum Glück noch viele andere Eigenschaften, die für die Auswahl ausschlaggebend sein können.

DAS KÖNNEN HAUSBÄUME

Der Baum, der zum Haus gehört, ist nicht nur ein schöner Erinnerungsanker, er erfüllt auch viele wichtige und angenehme Funktionen. Bäume sind unsere großen Sauerstoffproduzenten, sie filtern Staub und Bakterien aus der Luft und sorgen im Sommer für kühle Schattenplätze. Mehr noch: An heißen Tagen sind Bäume wahre Klimaanlagen, denn über die Blätter verdunsten sie Wasser, und das erhöht die Luftfeuchtigkeit. Durch die Verdunstungskälte sinkt auch die Lufttemperatur in der Umgebung. Dieser Kühlungseffekt ist natürlich umso höher, je größer der Baum und die Blattmasse ist.

Bäume schaffen es auch, extreme Temperaturschwankungen abzumildern. Gerade auf versiegelten Flächen, die sich im Sommer stark aufheizen, wirkt der Baum regulierend auf die Umgebungstemperatur. Außerdem sind Bäume echte Windbremsen, in deren Kronen sich der Wind bricht und seine Geschwindigkeit deutlich verlangsamt. Achten Sie jedoch darauf, an besonders windexponierten Standorten nur solche Baumarten zu pflanzen, die damit auch klarkommen und als ausreichend windfest gelten.

Ein Baum steht aber nicht nur für sich alleine, er ist auch Lebensraum, Brutplatz und Futterquelle für viele andere. Vögel bauen ihre Nester darin und nutzen ihn als Kinderstube und Speisekammer. Blüten, Blätter und Früchte insbesondere von heimischen Baumarten sind für viele Insekten und Kleintiere eine wichtige Nahrungsgrundlage, und von uns Menschen oft unbemerkt wohnt eine Fülle an Käfern, Insekten und Pilzen in der Rinde und im Stamm

Zierkirschen werfen sich im Frühjahr richtig in Schale. Ihre Blütenkleider sind duftige Wolken, die den Charakter der Umgebung prägen.

des Baums. So ein Hausbaum ist also nicht nur ein Freund und Begleiter der eigenen Familie, sondern auch vieler anderer Mitbewohner im Garten.

Wer den Baum dann noch als Lebens- und Wohnraum für sich selbst oder die Kinder erweitern möchte und dafür mit einem Baumhaus im Hausbaum liebäugelt, der braucht allerdings Geduld. Denn bis ein neu gepflanztes Gehölz die Größe dafür erreicht, ist möglicherweise schon die nächste Generation der Baumhausnutzer herangewachsen. Suchen Sie sich in diesem Fall dafür eine Baumart mit einer ausladenden Krone aus, die ihre Äste möglichst waagrecht am Stamm trägt. Dann können Sie zumindest ein für sich stehendes und im Boden verankertes Stelzenhaus so platzieren, dass es in die Baumkrone ragt.

Konsequente Formensprache: Die Kugelform des Spitzahorns wiederholt sich entlang des Weges.

HAUS UND BAUM WERDEN EINS

Der perfekte Hausbaum passt nicht nur zu Ihnen, sondern rundet die Gestaltung des Hauses und der Umgebung ab. Idealerweise bilden Gebäude und Baum eine gestalterische Einheit und ergänzen sich in Stil und Proportion. Der Hausbaum kann dann entweder ein Gegengewicht zum Baukörper sein, oder er kann die Gliederung der Fassade aufnehmen. Mit der entsprechenden Wuchs- oder Kronenform wird er die Architektur und Formensprache des Gebäudes oder der Umgebung ergänzen und betonen. Eine Fassade mit einer rhythmisch gegliederten, länglichen Fensterfront lässt sich zum Beispiel elegant mit schlanken, säulenförmigen Wuchsformen aufnehmen. Ein langgestreckter Eingangsweg bekommt dagegen mit einer locker ausgebrei-

teten Kronenform eine spannungsreiche Antwort. Baumkrone ist also nicht nur Baumkrone, die verschiedenen Baumarten entwickeln ganz unterschiedliche, charakteristische Wuchsformen von schmal und säulenartig über kompakt und eiförmig bis hin zu bogig weit überhängend. Da ist für fast jede Standortsituation etwas dabei.

DIE FORM WAHREN

Sind Sie eher der Typ für ein streng geschnittenes Formgehölz, dann werden Sie malerisch ausladende Wuchsformen vielleicht nicht besonders schätzen. Umgekehrt sind formale Gehölze für Freunde bizarr gewundener Baumkronen lediglich ein starres Grünelement. Überlegen Sie also, welche Form Sie bevorzugen, und werfen dann einen Blick auf Ihr Haus und seine Umgebung. Denn gerade mit der Wuchsform können Sie ein individuelles Bild Ihres Hauses unterstreichen und den Hausbaum als Orientierungspunkt einer ganzen Gebäudereihe setzen.

Breit ausladende Kronen sind natürlich der Inbegriff des markanten Hausbaumes, aber das macht wirklich nur dann echte Freude, wenn der Garten groß genug ist. Nimmt der Baum zu viel Raum ein, wird er schnell lästig und es ist schade, wenn er dann laufend mit aufwendigen Schnittmaßnahmen gebändigt werden muss. Das kostet nicht nur, sondern beraubt den Baum auch seiner wahren Schönheit.

KLEINES GRUNDSTÜCK – KLEINE KRONE

Für kleinere Grundstückszuschnitte eignen sich deshalb kleinkronige Bäume, die trotzdem schöne, charakteristische Kronen entwickeln, aber insgesamt kompakt bleiben. Die Auswahl dafür wächst ständig, nicht zuletzt, weil es die heutigen Raumverhältnisse in den Straßen-, Wohn- und Siedlungsräumen erfordern. Suchen Sie deshalb nach Herzenslust die Wuchsform aus, die Ihnen und dem Stil des Hauses und der Umgebung entspricht. Außer Kugel- und Säulenformen gibt es schließlich noch andere. Schirm- oder Hängeformen sind zum Beispiel tolle Kronendächer, unter denen es sich prima spielen oder verstecken lässt.

Nicht zu vernachlässigen ist der Winteraspekt bei Bäumen. Denn dann kommt die Rinde und der Habitus deutlich zum Vorschein. Eine besonders schöne Wuchsform, wie beim Blasenbaum, Lederhülsenbaum oder Pagoden-Hartriegel, die ihre Zweige malerisch am Stamm angeordnet tragen, sind auch ohne Laub ein richtig attraktiver Anblick.

MIT BAUMFARBEN GESTALTEN

Eine schöne Einheit entsteht, wenn die Fassadenfarbe und die Farbeigenschaften des Baumes aufeinander abgestimmt sind. Das schafft mehr als nur die berühmten Farbtupfer und erzeugt tolle Stimmungen im und um das Haus. So ergeben rotlaubige Gehölze oft fantastische Kontraste zu hellen Pastelltönen. Dunkle Fassadenfarben bekommen dagegen durch helle Laubfarben oder zierliche Blattformen mehr Leichtigkeit. Insgesamt wirken helle oder silbrige Laubfarben transparent,

Die Wuchsform des Lederhülsenbaums ist zu jeder Jahres-, manchmal auch zu jeder Tageszeit ein charaktervolles Gestaltungselement.

lebendig, bewegt und aktiv, während dunkle Laubfarben mit großen Blättern eher Ruhe und Erhabenheit ausstrahlen. Ein Ahorn mit dunkelrotem Laub verbreitet deshalb eine völlig andere Atmosphäre als eine Zitterpappel, deren kleine helle Blättchen quirlig in Dauerbewegung sind.

ZUSÄTZLICHES FARBSPEKTAKEL

Eine auffällige Herbstfärbung der Blätter ist noch ein zusätzliches spektakuläres Farbfeuerwerk für ein paar Wochen, das aber charakteristisch für den Baum und damit für das ganze Haus wird. Glühende Herbstfärber wie Amberbaum, Eisenholzbaum, Tupelobaum oder Kupfer-Felsenbirne setzen rot-orange leuchtende Fackeln in den Garten. Andere, wie Ahorn, Hainbuche, Blasenbaum, Linde oder Zierkirsche, die ein gelbes Blätterkleid anlegen, taucht die Herbstsonne in goldenes Licht. Grämen Sie sich nicht, wenn das Farbspektakel vorüber ist und die Blätter schließlich fallen. Und nein – sie sind kein Schmutz, wirklich nicht. Breiten Sie das Laub auf Beeten im Garten aus, dort tut es beim Verrotten nützliche Dienste und versorgt den Boden mit wertvollen Nährstoffen.

Wenn Sie sich dann auch noch für einen Hausbaum mit einer schönen oder gar auffälligen Blüte entschieden haben, werden Sie sich bestimmt jedes Jahr aufs Neue darauf freuen. Denn die Knospen von Zierkirschen, Magnolien, Felsenbirnen oder Trompetenbäumen öffnen sich jedes Jahr zu einem bestimmten Zeitpunkt, den Sie sicher immer wieder sehnsüchtig erwarten werden. Dabei gibt es schöne Details zu beobachten. Manche Bäume zeigen ihre Blüte, bevor das Laub austreibt, sodass sich die gesamte Krone in eine Blütenwolke hüllt. Magnolien, Zierkirschen, Zierapfel oder Judasbaum bieten da unvergleichliche Anblicke. Andere öffnen ihre Knospen zusammen mit dem Austrieb der

Blätter, was dem Baum oft einen schönen farblichen Schimmer verleiht, wie bei Ahorn oder Traubenkirsche. Manche Gehölze beginnen mit ihrer Blüte erst dann, wenn der Baum schon belaubt ist, wie die Mispel oder der Schnurbaum. Dann sind Blüte und Blatt ein schön gemustertes Baumkleid.

Egal, was Ihr Lieblingsbaum zu bieten hat, ob markante Wuchsform, tolle Blüte, hübsche Laubform oder feurige Herbstfärbung: Unterschätzen Sie nicht die Wirkung, die ein schöner Baum auf die gesamte Umgebung haben kann. Im Vorgarten ist Ihr Hausbaum eventuell Teil des Straßenraums, Sie tragen mit ihm also zur Grüngestaltung, Belebung und Aufwertung Ihres Wohnviertels bei. Außerdem begrüßt Sie Ihr Baum bei jedem Nachhausekommen. Und dafür wirft er sich alle paar Wochen sogar in ein neues Kleid.

AUF DIE GRÖSSE KOMMT ES AN

Linden, Eichen, Buchen, Kastanien – das sind Bäume, die stattliche Größen erreichen. Dazu brauchen sie zwar viele Jahrzehnte, doch schon nach einigen Jahren ist absehbar, dass sie ordentlich Platz beanspruchen. Weil ein Hausbaum aber kein Möbelstück ist, das nach ein paar Jahren ausgedient hat, ist seine Größenentwicklung eine wichtige Frage, der man sich bei der Auswahl intensiv widmen sollte. Jeder Baum hat eine Maximalgröße, die er erreichen kann. Sie finden auch hier im Buch zu jeder Baumart eine Höhenangabe. Die ist allerdings immer abhängig von den Standortbedingungen. Hat ein Baum so viel Wurzelraum, Licht, Wärme, Feuchtigkeit und Nährstoffe, wie er bevorzugt – kurz: hat er den Idealplatz, dann wird er wahrscheinlich auch die angegebene Höhe erreichen. Kalkulieren Sie diese Höhe aber in jedem Fall ein, auch wenn es bei der Pflanzung oft schwer vorstellbar ist, dass das junge Bäumchen in absehbarer Zeit ein ordentlicher

Baum wird, und das geht oft schneller, als man denkt. Doch auch unter den Bäumen gibt es welche, die es eilig haben und relativ rasch an Größe zunehmen, wie Robinien oder Purpur-Erlen, während andere eher langsam wachsen, wie die Esskastanie. Allerdings sind immer die Standortbedingungen dafür verantwortlich, wie schnell sich der Baum entwickelt.

ABSTAND HALTEN

In diesem Zusammenhang müssen Sie auch den Abstand zum Nachbargrundstück im Auge behalten. Wie groß der sein muss, regelt jedes Bundesland unterschiedlich. Fragen Sie bei der Bauaufsichtsbehörde Ihrer Stadt- oder Gemeindeverwaltung nach, dort erfahren Sie den geltenden Grenzabstand, den Sie mit Ihrem Baum einhalten müssen.

Die Blüte des Trompetenbaums verdient einen guten Aussichtsplatz (oben). Genauso wie das Laub des Kanadischen Judasbaums (unten).

Die dunkelroten Blätter des Kanadischen Judasbaum schweben über der Szenerie und runden das gesamte Farbkonzept des Sitzplatzes ab.

Planen Sie in jedem Fall genügend Wurzelraum für den Baum ein. Denn nur dann kann Ihr neuer Freund auch sesshaft werden. Manche Bäume wurzeln flach, andere entwickeln sich in die Tiefe, einige breiten sich weitverzweigt aus. Ein schmaler Vorgarten braucht deshalb einen Baum, dessen Wurzeln sich nicht gleich bis ins Nachbargrundstück ausbreiten. Einige flachwurzelnde Bäume, wie die Felsenbirne oder der Blasenbaum nehmen es dagegen übel, wenn ihr Wurzelraum verdichtet oder sogar mit einem Belag überdeckt wird. Vergewissern Sie sich auch, ob im Umfeld Leitungen oder Kanalrohre verlegt sind, mit denen die Wurzeln des Baums in Konflikt kommen könnten. Unter Umständen sind Schutzmaßnahmen dafür notwendig.

GUT PLATZIERT

Für den richtigen Platz Ihres Hausbaumes sind zwei Kriterien entscheidend: Zum einen muss er dorthin, wo Sie seine guten Eigenschaften am besten genießen können. Soll er ein attraktiver Blickfang vom Wohnzimmer aus sein, oder haben Sie ihm einen Platz im Vorgarten zugedacht, wo er den Eingang markiert? Platzieren Sie am besten zunächst eine lange Holzlatte am möglichen Standort, denn damit lässt es sich leicht prüfen, wo Ihr Baum am besten hinpasst. So können Sie aus verschiedenen Blickwinkeln – besonders auch von innen – betrachten, wie Ihr Baum im Garten wirkt. Gerade wenn er eine schöne Blüte oder Herbstfärbung hat, sorgt er ja für besonders schöne Aussichten. Gleichzeitig wird damit auch klar, wo er ungünstig stehen würde und vielleicht Räume verschattet oder Aussichten versperrt. Behalten Sie deshalb die Größenentwicklung der Krone im Hinterkopf. Bildet der Baum Früchte, dann vergessen Sie nicht, dass Sie die vielleicht auch einigermaßen bequem ernten möchten oder Sie nicht unbedingt den angrenzenden Gehweg mitsamt Ihren Nachbarn mit herabfallenden Beeren versorgen möchten.

DER RICHTIGE STANDORT

Das zweite Kriterium sind die Standortbedingungen. Ist der Boden sandig oder lehmig, sauer oder alkalisch? Wie sieht es mit der Wasserversorgung aus? Ist der Boden immer etwas feucht oder schnell trocken? Wie sind die Lichtverhältnisse – eher sonnig oder steht der Baum im Schlagschatten des Hauses? Und ist der Platz geschützt oder soll der Baum in einer windigen, kühlen Ecke stehen? Diese Fragen sind entscheidend dafür, welche Baumart sich bei Ihnen wohlfühlen kann. Ein sonne- und wärmeliebendes Gehölz braucht einen geschützten Platz. Ist es aber kalten Winden ausgesetzt, wird es nur kümmerlich wachsen oder sich sogar bald verabschieden. Genauso kann ein Baum, der leichte und durchlässige Böden braucht, in schwerer Lehm- und Tonerde einfach nicht gut Fuß fassen und sich gesund entwickeln. Das trübt die Freude am Hausbaum, deshalb sind die Standortbedingungen das kompromisslose Auswahlkriterium, damit der richtige Baum auch den richtigen Wohlfühl-Platz bekommt. Zum Glück gibt es Gehölze, die relativ anpassungsfähig an den Boden und die Ausgangsverhältnisse sind, wie Kornelkirsche, Ahorn oder Weißdorn, die als anspruchslos gelten. Nicht zuletzt bestimmt aber auch der Klimawandel die richtige Wahl, denn die Bäume sind zunehmend Extremsituationen ausgesetzt und müssen mit anhaltender Trockenheit genauso wie mit starken Niederschlägen fertig werden. Die Auswahl in die-sem Buch zeigt deshalb einen Querschnitt der Möglichkeiten aus altbekannten und neu erprobten Bäumen für den Hausgarten.

BÄUME MACHEN FREUDE

Klar, ein bisschen Pflege und Aufmerksamkeit braucht der Hausbaum schon, bis er fest verwurzelt ist mit seiner Umgebung, besonders zu Beginn. Die beste Pflanzzeit ist der Herbst oder das zeitige Frühjahr. Ihre Baumschule liefert den Hausbaum in einer guten Qualität und mit passendem Pflanzsubstrat und Düngeempfehlung. In trockenen Sommern braucht er vielleicht eine Gieß-Unterstützung, doch Ihr Hausbaum wird sicher schnell für Sie und Ihre Familie ein treuer Freund fürs Leben werden.

Esskastanien brauchen einen geschützten Standort. In den stacheligen grünen Hüllen reifen in mildem Klima sogar Maronen heran.

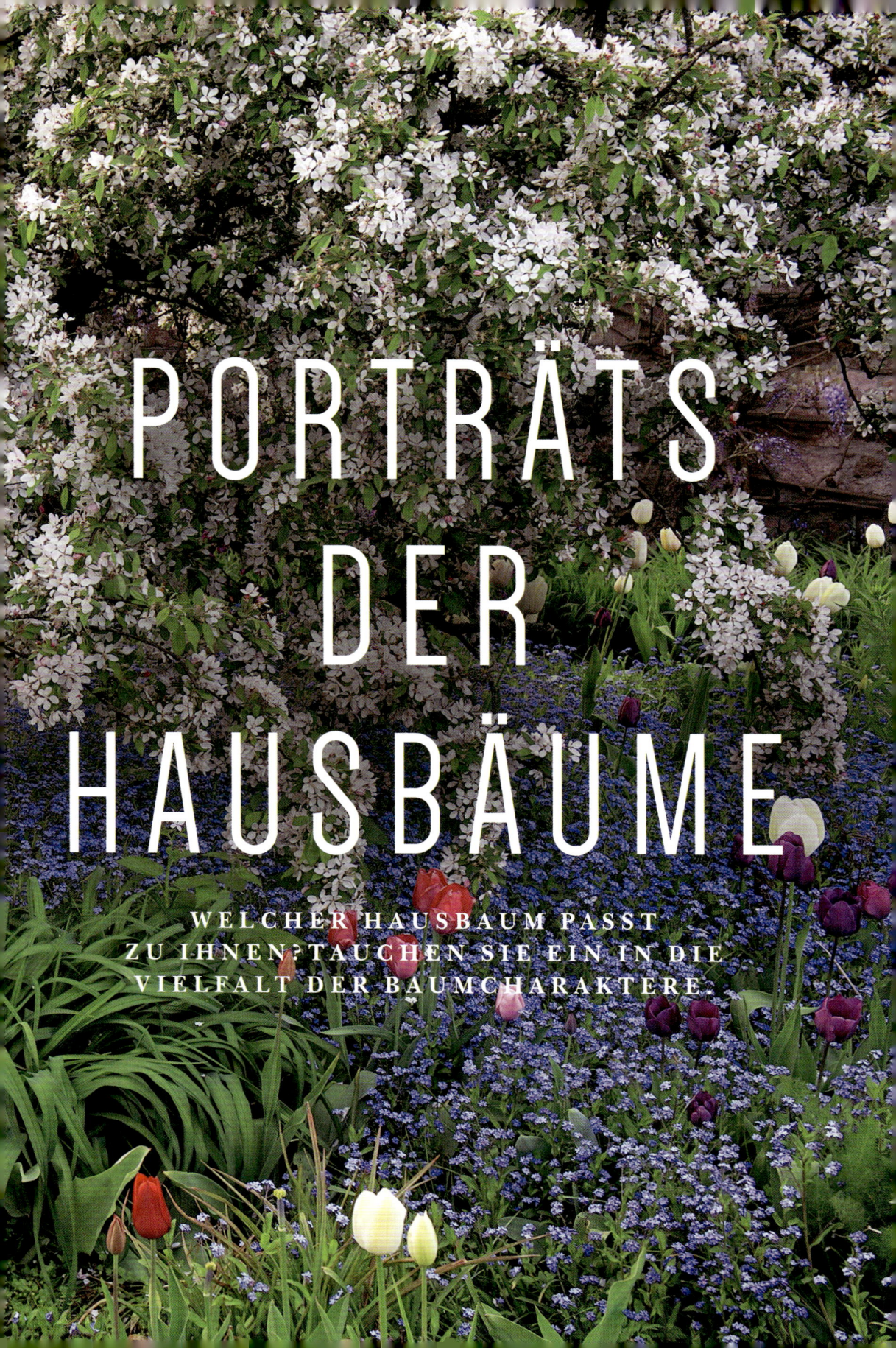

PORTRÄTS

DER

HAUSBÄUME

WELCHER HAUSBAUM PASST
ZU IHNEN? TAUCHEN SIE EIN IN DIE
VIELFALT DER BAUMCHARAKTERE.

KLEINE VORGÄRTEN

MIT BEGRENZTEM PLATZ

Sie wünschen sich einen Hausbaum, haben aber nur einen kleinen Vorgarten oder eine begrenzte Freifläche im dicht bebauten Siedlungsraum zur Verfügung? Keine Sorge, nicht jede Baumart beansprucht große Räume. Viele Gehölze bilden kleine, manchmal kompakte Kronen und erreichen nicht allzu große Höhen. Auf den folgenden Seiten finden Sie Vorschläge für Bäume, die zwischen vier und acht Metern hoch werden, und die sich damit bestens für Vorgärten, Einfahrten und kleine Gärten eignen. Das Zeug für einen charakterfesten Freund fürs Leben haben sie dennoch, denn nicht die Größe macht die Qualität als Hausbaum aus, sondern seine Eigenschaften.

AHORN

Bei Ahorn denken Sie bestimmt an große, mächtige Wald- und Parkbäume. Doch es gibt verschiedene Arten und Sorten, die relativ klein bleiben und kugelförmig wachsen. Die eignen sich dann sehr gut für formale Gestaltungen oder kleine Gärten.

Ahorn hat eine große Verwandtschaft, die ganz unterschiedliche Gestaltungsqualitäten in Größe, Form und Farbe bietet.

KUGEL-SPITZAHORN

Der Kugel-Ahorn (*Acer platanoides* 'Globosum') ist eine Sorte des Spitzahorns mit einer – wie der Name schon vermuten lässt – kugelförmigen Krone. Mit 5 bis 6 Metern Höhe bleibt er relativ klein, und idealerweise braucht er auch keine besonderen Schnittmaßnahmen, um die Kugelform zu erhalten. Ab und zu Spitzen schneiden, also Zweige, die allzu vorwitzig aus der Frisur herausragen, einfach ausschneiden, das genügt ihm, um in Form zu bleiben. Insgesamt ist der Kugel-Ahorn eher langsamwüchsig, er kommt mit normalen Gartenböden zurecht, gibt sich mit einem sonnigen bis halbschattigen Standort zufrieden und stellt sonst keine besonderen Ansprüche. Wo er hinpasst, kann er die Gestaltung der Umgebung mit seiner ausdrucksstarken Form gut betonen. Gleich einer großen grünen Stecknadel, die im Herbst ihre Laubfarbe zu goldgelb wechselt, verdient er

dazu eine sorgfältige Platzierung, dann kann er sich gerade in formalen und klaren Gestaltungsumgebungen sehr gut behaupten.

ROTER SPITZAHORN

Auch dieser Vertreter der Gattung Spitzahorn (*Acer platanoides* 'Crimson Sentry') ist etwas ganz besonderes, denn sein Blätterkleid ist dunkel-purpurrot, und das nicht nur im Herbst. Damit ist er ein absoluter Blickfang als Hausbaum. Rotlaubige Gehölze bieten tolle Möglichkeiten, mit Farbe zu gestalten, denn damit sind beeindruckende Akzente möglich, zum Beispiel in Kombination mit der

1. Der Kugel-Spitzahorn ist relativ anspruchslos. Wenn das Umfeld passt, setzt er markante Formakzente. 2. Der Herbst verwandelt den Spitzahorn in zauberhafte goldgelb-orangefarbene Kugeln.

Fassadenfarbe oder mit den Pflanzbeeten in der Umgebung. Das rote Laub schafft Tiefe, braucht aber einen hellen Hintergrund oder einen Partner in strahlenden Farben, dann entfaltet sich seine Wirkung am besten. Diese Sorte des Spitzahorns wird mit 8 bis 10 Metern zwar etwas höher, dafür wächst sie relativ schmalkronig, braucht also in der Breite nicht viel Platz. An einem sonnigen Platz entfaltet das dunkelrote Blätterkleid seine Leuchtkraft am besten. Ein halbschattiger Standort geht aber auch in Ordnung, und an den Boden stellt der Baum auch keine besonderen Anforderungen.

KUGEL-FELDAHORN

Der Feldahorn ist ein Gehölz, das recht bescheiden auftritt und gerne als Allrounder gilt. Meist wird er in Hecken in freier Landschaft verwendet, doch es wäre schade, ihn »nur« als Feldgehölz zu betrachten. Denn auch als Hochstamm, und besonders in der Kugelform (*Acer campestre* 'Nanum') zeigt der Feldahorn, dass er auch echte Gestaltungsqualitäten für den Vor- und Hausgarten hat. Der Kugel-Feldahorn hat eine rundliche, dicht kompakte Kronenform und wächst relativ langsam. Insgesamt wird er 6 bis 8 Meter hoch, bleibt also ein relativ kleiner Baum.

③

WER EINEN BAUM PFLANZT, WIRD DEN HIMMEL GEWINNEN.

Konfuzius

Als heimisches Gehölz ist er ökologisch recht wertvoll, er gilt als Vogelnährgehölz, und Imker schätzen ihn als Bienenweide. Zwar ist die Blüte nicht unbedingt spektakulär, doch wenn die gelbgrünen Rispen zusammen mit dem hellgrünen Laub austreiben, schimmert der ganze Baum in einem frisch-zarten Frühlingsgrün. Die Blätter sind beim Feldahorn etwas kleiner als beim Spitzahorn und von einem satten Dunkelgrün, das sich im Herbst in ein leuchtendes Goldgelb verwandelt.

Der Kugel-Feldahorn gilt als sehr tolerant, was seine Ansprüche an den Standort betrifft. Er wächst sowohl in der vollen Sonne als auch im Halbschatten, ist windverträglich, bildet ein dicht verzweigtes Herzwurzelsystem und ist mit normaler Gartenerde rundum zufrieden. Er liebt zwar kalkhaltige Böden, kommt aber

(4)

auch mit leicht saurer Erde noch zurecht. Nur Staunässe verträgt er nicht.

Wer sich für Kugelformen nicht erwärmen kann, aber trotzdem einen unkomplizierten, kleinkronigen Baum möchte, der kann auf die Sorte 'Elsrijk' ausweichen. Sie bildet im Gegensatz zum Feldahorn *(Acer campestre)* eine eher kegel- bis eiförmige Krone. Mit 6 bis 12 Metern wird diese Feldahorn-Sorte etwas höher, in der Breite beansprucht die Krone 4 bis 6 Meter.

Für wärmere Regionen und Weinbaugegenden ist der Französische Ahorn *(Acer monspessulanum)* ein hübscher Baum, den man auch nicht allzu häufig sieht. Er sorgt für einen mediterranen Touch, möchte allerdings einen warmen, geschützten Standort. Er bevorzugt kalkhaltige, durchlässige Böden, ist dafür aber unempfindlich gegen Hitze, Trockenheit und Wind. Seine kleinen dreilappigen Blätter glänzen dunkelgrün und färben sich im Herbst gelb bis gelborange. Der Französische Ahorn bleibt mit 4 bis 8 Metern relativ klein. Er entwickelt eine eher unregelmäßige Krone, macht also einen deutlich wilderen Eindruck als seine kugelförmigen Verwandten. Doch solche Charakterköpfe entfalten nicht selten einen ganz besonderen Charme.

3. Der Rote Spitzahorn *(Acer platanoides* 'Crimson Sentry')* sorgt mit rotem Laub für räumliche Tiefe. 4. Manche Besonderheit offenbart sich erst beim genauen Hinschauen, wie die Blüte des Feldahorns *(Acer campestre* 'Nanum').

BERGKIEFER

Kiefern sind ausdrucksstarke Gehölze mit charaktervollen Wuchsformen. Als Hausbaum können sie markante Akzente im Garten setzen, die zusammen mit der passenden Gestaltung im Umfeld eine ganz klare Formensprache sprechen.

Bei Bergkiefern (*Pinus mugo*) denkt man zunächst an ein alpines Umfeld, daher kennt man »Latschen« auch am besten.

VIELE SORTEN UND GRÖSSEN

Bergkiefern sind je nach Sorte in verschiedenen Formen erhältlich, die unterschiedliche Höhen erreichen. Das macht sie zu wandelbaren Gestaltungspartnern, die sich sowohl für klar konstruierte, formbetonte Umgebungen, als auch für asiatisch inspirierte Gärten eignen. Und wenn Sie lieber einen ländlich-alpinen Steingarten bevorzugen, fügt sich die Bergkiefer dort wie selbstverständlich ein.

In allen Fällen wirken ihre Äste sehr elegant, wie sie aufrecht, etwas bogig geneigt nach oben streben. Je älter die Bergkiefer wird, desto schöner, markanter und eigenwilliger entwickelt sich ihr Wuchs. Möchten Sie aber, dass der Baum eine kompakte Form behält, knipsen Sie einfach die frischen Austriebe an den Spitzen im Frühsommer ab.

Bergkiefern sind äußerst anspruchslos und dafür bekannt, fast jede Unbill zu ertragen. Trockene, karge, nährstoffarme Standorte, Wind, Schnee und Frost meistern sie problemlos. Gärten am Hang sind für sie als Flachwurzler kein Problem, dort fassen sie auf fast jedem Boden schnell Fuß, vorausgesetzt er ist nicht zu nass. Einzig ein sonniger bis maximal halbschattiger Platz muss der Bergkiefer garantiert sein, denn im Schatten entwickelt sie einen schiefen und kümmerlichen Wuchs. Als Nadelgehölz ist sie immergrün, was ein schöner Winteraspekt für einen Hausbaum ist. Im Juni schmückt sich der Baum mit gelben Blütenkerzen, sehr hübsch sind dann auch die Zapfen, die bis zu 7 Zentimeter lang werden.

1. Die Nadeln der Berg- oder Latschenkiefer enthalten ätherische Öle mit einem würzigen Duft. 2. *Pinus mugo* 'Gnom' ist eine Sorte, die bis zu 3 Meter hoch wird und relativ langsam und aufrecht wächst.

BLASENBAUM

Dieser zauberhafte Zierbaum ist nichts Alltägliches. Mit seiner aparten Wuchsform wirkt er fast locker-lässig, und er beginnt erst lange nach allen anderen Bäumen mit der Blüte. Die macht ihn zu einem Kandidaten für Individualisten.

Mit einem Blasenbaum *(Koelreuteria paniculata)* als Hausbaum holen Sie sich einen wirklich hübschen Gefährten in den Garten, den man nicht allzu oft sieht. Seine Heimat liegt in China, Korea und Japan, das erklärt die etwas exotische Anmutung.

SPÄTE BLÜTE
Schon im Frühjahr beim Laubaustrieb zeigt der Baum, dass er etwas Besonderes ist. Die zarten jungen, gefiederten Blätter schimmern zunächst rötlich, bis sie sich ganz in Grün entfaltet haben. Mit der Blüte lässt sich der Blasenbaum dann von Ende Juli bis Ende August Zeit. Die lockeren Rispen mit den kleinen hellgelben Blütensternchen sichern ihm Aufmerksamkeit, denn kaum ein anderer Baum blüht so spät im Jahr.

Richtig auffällig sind auch die papierdünnen lampionartigen Früchte, man könnte fast meinen, der Baum schmückt sich damit zum spätsommerlichen Gartenfest. Die zuerst grünlichen, später rötlich-braunen Kapseln bleiben sehr lange an den Zweigen hängen, auch

dann noch, wenn sich das Laub nach einer gelb-orangen Herbstfärbung verabschiedet hat. Blasenbäume wachsen nicht immer ordentlich kompakt, sondern entwickeln gerne auch einmal charakteristische Wuchsformen. Sie brauchen einen sonnigen Standort und kommen auch mit Hitze und Trockenheit gut klar. Da sie etwas spätfrostempfindlich sind, sollten sie einen möglichst geschützten Platz bekommen. Am besten gedeihen sie in normalem, gerne auch kargem Gartenboden, der möglichst

> **DIE BESTE ZEIT, EINEN BAUM ZU PFLANZEN, WAR VOR ZWANZIG JAHREN. DIE NÄCHSTBESTE IST JETZT.**
>
> Aleksej Andreevic Arakceev

durchlässig und nicht zu schwer sein sollte. Achten Sie darauf, die Oberflächen rund um den Baum nicht zu verdichten, das würden Ihnen die flach ausgebreiteten Wurzeln übel nehmen. Besondere Pflegemaßnahmen brauchen diese zauberhaften Bäume aber nicht, und falls sie zu groß werden, lassen sie sich unkompliziert zurückschneiden.

1. Blasenbäume wachsen häufig mehrstämmig, das bringt ausdrucksstarke Formen in den Garten. 2. Die papierdünnen Früchte erinnern an Lampions, ihr Inneres birgt kugelige, schwarze Samen.

JUDASBAUM

Judasbäume sind fantastische Blütenbäume. Aber nicht nur das. Je älter sie werden, desto malerischer entwickeln sich ihre Wuchsformen. Deshalb verdienen sie einen gut einsehbaren Platz, an dem ihre Vorzüge optimal zur Geltung kommen.

Dichte Blütenbüschel in Purpurrosa überschütten den Judasbaum (*Cercis siliquastrum*) im April/Mai und ziehen für mehrere Wochen alle Blicke auf sich. Als Zugabe verströmen sie einen zarten Duft.

BAUM MIT FARBDETAILS

Wer genau hinschaut, freut sich zusätzlich an dem schönen Kontrast, den die rot- bis schwarzbraune Rinde zur strahlenden Blüte bildet. Sehr hübsch ist auch das Farbenspiel, wenn die rundlich bis herzförmigen Blätter die Blüte ablösen. Ihr bläulich-graues Grün überzieht den gesamten Baum mit einem tollen silbrigen Schimmer. Das passt wunderbar zu den länglichen, hellgrünen Fruchthülsen, die im Herbst erst rötlich, dann braun werden und den ganzen Winter über am Baum hängen bleiben.

Judasbäume gelten als langsamwüchsig, sie entwickeln sich zunächst straff aufrecht, breiten aber später ihre Kronen malerisch locker und gleichmäßig aus. Häufig werden sie als mehrstämmige Exemplare angeboten, was besonders charakteristische Wuchsformen hervorbringt. Weil sie etwas frostempfindlich sind, brauchen sie einen vollsonnigen, möglichst geschützten Standort. Dafür darf es ruhig auch länger heiß und trocken sein, solange der Boden durchlässig und nicht zu nass ist. Geben Sie diesem besonderen Baum in jedem Fall einen Extraplatz, er ist ein idealer Partner besonderer Gestaltungskonzepte.

1. Judasbäume verdienen eine Einzelstellung, damit ihre Besonderheiten zur Geltung kommen. 2. Wenn es das Farbkonzept verlangt: Die Sorte 'Alba' blüht weiß.

KANADISCHER JUDASBAUM – DIE VARIANTE IN ROT

Eine beeindruckende Variante dieses besonderen Baumes bietet der Kanadische Judasbaum *(Cercis canadensis* 'Forest Pansy'). Die Blüte ist nicht weniger spektakulär als die seines Verwandten, doch statt der silbrig-grauen Belaubung entfaltet der Kanadische Judasbaum ein glänzend blutrotes Blätterkleid, das zu einem tiefen Purpurrot wird. Dieser satte und extravagante Farbton bleibt den ganzen Sommer über erhalten, nur die Laubpartien, die im Schatten liegen, vergrünen leicht. Doch das macht das Farbenspiel umso attraktiver. Und damit nicht genug: Den nächsten spektakulären Auftritt legt der Baum dann im Herbst hin, wenn er seine Blätter in Gelb-Orange- und Rottöne taucht. Dann scheint das ganze Gehölz in der Sonne richtig zu glühen.

Das bringt die malerische Wuchsform wunderbar zur Geltung, der Baum erreicht eine Höhe von 6 bis 8 Metern und die fein verästelte Krone breitet ihre Zweige im Lauf der Jahre schwungvoll aus. Der Kanadische Judasbaum ist jedoch ebenso langsamwüchsig wie sein Verwandter und stellt ähnliche Ansprüche an den Standort und den Boden. Wegen seiner nordamerikanischen Herkunft gilt er als weniger frostempfindlich, schätzt aber trotzdem einen geschützten Standort. Seine Wurzeln breitet er flach aus, achten Sie deshalb darauf, ihm genügend Raum zu geben.

Wie alle rotlaubigen Gehölze erlaubt auch dieser Baum fantastische Kombinationen und ein schönes Spiel mit den Farben der Umgebung. Platzieren Sie ihn so, dass die Blüten- und Laubfarbe die Fassadenfarbe Ihres Hauses kontrastiert oder ergänzt. Das dunkle Laub schafft Tiefe im Raum, es wird zum Blickpunkt und setzt ein markantes Ausrufezeichen. Damit das Blätterkleid aber nicht stumpf und schwärzlich wirkt, braucht der Baum eine helle Kulisse oder ein leuchtendes Umfeld. Pflanzen Sie ihn deshalb nicht vor eine dunkelgrüne Hecke, sondern kombinieren Sie ihn mit Staudenpflanzungen in strahlenden Farben oder Strauchgehölzen mit silbrigem oder weißbuntem Laub. In jedem Fall braucht er einen Platz, an dem Sie ihn ungestört im Blick haben, egal ob von innen oder draußen. Denn als Hausbaum wird er Ihnen bestimmt schnell ans Herz wachsen.

Übrigens teilen Judasbäume eine Besonderheit mit Kakao. Beide gehören zu den wenigen Gehölzen, die ihre Blüten direkt am Stamm und an den dicken Ästen bilden.

3. Wenn die Blüte zu Ende geht, steht die attraktive Belaubung schon in den Startlöchern.
4. Das tiefe Purpurrot braucht eine hell strahlende Kulisse. 5. Glühende Zugabe: Die Herbstfärbung zündet das nächste Farbfeuerwerk.

MAGNOLIE

Wer eine Magnolie als Hausbaum pflanzt, holt sich eine zuweilen kapriziöse, aber dennoch unvergleichliche Schönheit in den Garten. Ihren großen Auftritt feiert sie mit einer zauberhaften Blüte im Frühling, die ihr uneingeschränkte Aufmerksamkeit sichert.

Magnolie ist nicht gleich Magnolie, es gibt über 80 Arten und davon zahlreiche Sorten. Allen gemeinsam ist eine bezaubernde, duftende Blüte im April/Mai, die Sie bestimmt Jahr für Jahr sehnsüchtig erwarten werden.

VOR SPÄTFRÖSTEN SCHÜTZEN

Magnolien brauchen einen geschützten Platz in der Sonne oder im lichten Schatten. Ihre Wurzeln breiten sich flach aus und sind etwas empfindlich gegen zu viel Bodenbearbeitung.

Vermeiden Sie deshalb unbedingt, sie mit Belägen zu überdecken. Die meisten Magnolien kommen mit normalen, nicht allzu kalkhaltigen Gartenböden gut zurecht und entwickeln sich zu kleinen Bäumen mit ausdrucksstarken Wuchsformen.

Eine der häufigsten Magnolien ist die Tulpen-Magnolie (Magnolia soulangeana) mit eleganten weiß-rosa Blüten. Als sehr frosthart gilt die Kobus-Magnolie (Magnolia kobus), die überreich in großen weißen Blütensternen blüht. Eine fast schon magische Blüte in dunkel-purpurrot öffnet Magnolia 'Black Tulip'. In manchen Jahren lässt sie sich sogar zu einer Nachblüte im Spätsommer herab, braucht aber unbedingt einen geschützten Platz, da sie etwas frostempfindlich ist. Wahrhaft majestätisch wirkt die Purpur-Magnolie (Magnolia liliiflora 'Nigra'). Sie wächst oft mehrstämmig und gilt als sehr frosthart. Ihre schlanken, lilienförmigen Blüten sind außen purpurrot und innen weiß mit zarten rosa-silbrigen Schleiern überlaufen. Auch sie blüht im Spätsommer oft noch ein zweites Mal.

1. Die Kobus-Magnolie blüht überreich im April.
2. Wie alle Magnolien verdient auch 'Black Tulip' eine Einzelstellung. Ihr Blütenaustrieb gleicht schwarzen Tulpen. 3. Purpur-Magnolien öffnen ihre schlanken Blüten zusammen mit dem Laubaustrieb.

②

③

1

MISPEL

Lange schien die Mispel etwas in Vergessenheit geraten zu sein. Dabei ist dieser kleine Baum ein unkomplizierter Gartengefährte, der ohne großes Zutun gerade in Gärten mit begrenztem Platz die allerbeste Figur macht.

Die Mispel *(Mespilus germanica)* stammt ursprünglich aus Asien und kam vermutlich mit den Römern nach Mitteleuropa. In den letzten Jahrhunderten war die Mispel wegen ihrer Früchte in den Klöster- und Bauerngärten weit verbreitet, geriet aber zunehmend in Vergessenheit. Zu Unrecht, ist sie doch ein wirklich wertvolles und zierendes Gehölz. Der kleine, manchmal auch mehrstämmige Baum wächst breit aufrecht mit schön gebogenen Ästen und bildet schließlich eine schirmförmige, zuweilen auch eigenwillig geformte Krone. Damit lässt er sich allerdings etwas Zeit, die Mispel gilt als recht langsamwüchsig.

Ihre Wurzeln streckt sie weit nach unten in die Erde aus, daher bevorzugt sie auch entsprechend tiefgründige und nährstoffreiche Böden. Am liebsten ist ihr kalkhaltiger Lehm, aber sie kommt auch mit schwach sauren und mit kargen Standorten zurecht. Ein warmer, sonniger bis halbschattiger Platz muss aber sein, kalte, zugige Ecken schätzt die Mispel dagegen gar nicht.

WERTVOLLE WILDFRÜCHTE

Im Frühsommer leuchten kleine Blüten wie weiße Tupfen aus dem dunkelgrünen, leicht glänzenden Laub heraus. Ein wenig erinnern sie an Apfelblüten. Die kleinen runden Früchte, die sich im Spätsommer daraus entwickeln, sehen zwar zunächst ein bisschen exotisch

MISPELFRÜCHTE LASSEN SICH AM BESTEN VERWENDEN, WENN DAS FRUCHT-FLEISCH BRAUN IST.

aus, doch wer weiß, wie damit umzugehen ist, wird sie bald nicht mehr missen wollen. Sie enthalten viel Vitamin C, und weil sie einen relativ hohen Pektingehalt haben, kann man sie auch gut für ganz besondere Marmeladen verwenden. Dafür müssen die braunen Kugeln zunächst einmal ordentlich Frost abgekommen, dann erst werden die stein-

harten Mispeln zu weichen Früchten, die im Geschmack ein bisschen an Feigen erinnern. Wem der Aufwand zu hoch ist, freut sich einfach darüber, dass die Früchte auch noch im Winter lange am Baum hängen bleiben und die kahlen Zweige zieren.

PFLEGELEICHTER HAUSBAUM MIT GROSSER TRADITION

Mispeln brauchen kaum Schnittmaßnahmen, im Gegenteil – mit dem Rückschnitt würden Sie auch die Blütenansätze an den Kurztrieben entfernen. Lichten Sie bei älteren Bäumen höchstens die Krone etwas aus. Am schönsten entwickelt sich die Mispel, wenn Sie sie langsam vor sich hin wachsen lassen, dann wird die Form umso charakteristischer und sie entwickelt sich zu einem malerischen Hausbaum.

1. Die 2 bis 4 Zentimeter großen Kugeln mit der harten Schale sind wertvolle Wildfrüchte.
2. Mispeln blühen erst im Mai/Juni, daher müssen sie keine Spätfröste mehr fürchten.

PAGODEN-HARTRIEGEL

Sie suchen einen Baum mit einer außergewöhnlichen Wuchsform? Der Pagoden-Hartriegel ist bestimmt ein guter Kandidat, seine Astpartien strecken sich in mehreren Etagen waagrecht vom Stamm in den Raum. Das ist zu jeder Jahreszeit ein toller Anblick.

Das ist ein Baum für Freunde der eleganten Regelmäßigkeit. Der Pagoden-Hartriegel (*Cornus controversa*) ordnet seine Äste so am Stamm an, dass sie waagrecht in Etagen abstehen. Den unteren Partien erlaubt er einen sanften Schwung, das macht den kleinen Baum insgesamt ungemein dekorativ. Gerade in einer architektonisch-formal gestalteten Umgebung ist ein so regelmäßig aufgebautes Gehölz eine ideale Ergänzung. Doch ihn nur auf die Form zu reduzieren, würde dem asiatischen Verwandten des heimischen Hartriegels nicht gerecht werden. Denn der Pagoden-Hartriegel hat das Zeug dazu, auch

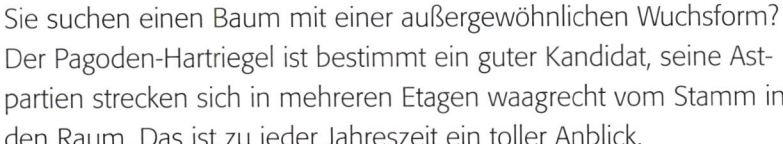

1

weniger attraktive Gartenbereiche als Solitär-gehölz aufzuwerten. Besonders die Sorte 'Variegata' bringt mit zweifarbigem Blattwerk Licht in dunklere Ecken. Schon mit dem Laubaustrieb schimmert der Baum in einem gelblich-silbrigen Grün, das sich dann zu einem grün-weißen Laubkleid mit enormer Leuchtkraft entfaltet. Vor dunklen Kulissen, wie Hecken oder immergrünen Gehölzen, kommt dieser außergewöhnliche Baum besonders gut zur Geltung.

> **» MEIN SCHÖNER GARTEN « SAGTE DER HERRSCHER – UND SEIN GÄRTNER LÄCHELTE WEISE.**
>
> Aus China

Die weißen Blütendolden, die der Baum im Mai/Juni öffnet, sind noch eine zusätzliche Attraktion, genauso wie die blauschwarzen, beerenartigen Früchte im Spätsommer.

Der Pagoden-Hartriegel braucht einen sonnigen bis halbschattigen Standort und einen durchlässigen und tiefgründigen Boden, der sauer bis neutral sein darf. Außerdem schätzt er es, wenn der Bereich um seinen Fuß herum kühl und beschattet ist. Zügeln Sie sich, falls Sie gerne mit der Säge unterwegs sind, Schnittmaßnahmen nehmen dem Baum viel von seinem Charakter.

HEIMISCHE VERWANDTE SIND AUCH GANZ ATTRAKTIV

Zur Gattung Hartriegel gehören viele heimische Gehölze, die wertvoll für Vögel und Insekten sind. Und klar – sie haben auch gestalterische Qualitäten. Die Kornelkirsche (Cornus mas) ist zum Beispiel ein absoluter Frühblüher, der seine gelben Blütenbälle als einer der ersten schon im Februar/März öff-net und die noch winterkahle Umgebung erhellt. Das robuste Feldgehölz ist auch als Hochstamm erhältlich, wird dann 4 bis 7 Meter hoch und eignet sich damit perfekt für kleinere Gärten. Kornelkirschen gelten als äußerst anspruchslos an den Boden, lieben es warm und gedeihen sowohl in der Sonne als auch im Halbschatten. Im Herbst sind die glänzend roten Steinfrüchte reif, die sich bestens für eine Wildgehölz-Marmelade eignen. Sie müssen dafür nur schneller als die Vögel sein, die schätzen diese vitaminreiche Abwechslung nämlich auch sehr.

1. Die eiförmigen Blätter von Cornus controversa 'Variegata' hellen dunkle Ecken auf.
2. Kornelkirschen sind die heimischen Verwandten, die im Herbst essbare, hübsche Früchte bilden.

VOGELBEERE

Als Hausbaum hat die Vogelbeere viele Freunde. Wenn im Spätsommer die roten Früchte reifen, dauert es nicht mehr lange, bis der Baum seinem Namen alle Ehre macht. Dann beginnen die Vögel damit, ihn gründlich abzuernten.

Vogelbeeren, also *Sorbus*-Arten sind auch unter dem Namen Ebereschen oder Mehlbeeren bekannt, denn zur Gattung gehören viele Arten. Sie alle sind robuste Gehölze, die im Frühsommer in weißen Schirmrispen blühen und im Herbst reichlich Früchte tragen.

KLEINER BAUM MIT GROSSER WIRKUNG

Für den kleinen Garten eignet sich die schlank wachsende Säulen-Eberesche *(Sorbus aucuparia* 'Fastigiata') sehr gut. Mit 5 bis 7 Metern Höhe und 2 bis 4 Metern Breite beansprucht sie wahrlich nicht allzu viel Platz, ist aber trotzdem ein auffallend hübscher Baum mit gefiederten Blättern. Die vitaminreichen, leuchtend roten Beeren schmücken den Baum ab September und sind bei Vögeln sehr beliebt. Gekocht sind sie aber auch als Wildfrucht in der Küche verwendbar. Die Eberesche liebt einen Standort in der Sonne oder im Halbschatten und einen lockeren, gerne auch sandigen, leicht sauren Boden. Allerdings gilt sie als recht tolerant und kommt auch mit anderen Gartenböden klar.

1. Das tiefgrüne Laub der Säulen-Eberesche ist ein toller Kontrast zu den korallenroten Früchten. 2. Die Früchte des Speierlings sind gut für Liköre, als Zusatz zu Apfelmost und für andere Wildfruchtleckereien verwendbar.

Eine eher kegelförmige Krone bildet die Thüringische Mehlbeere *(Sorbus × thuringiaca* 'Fastigiata'). Der robuste und langsamwüchsige Baum wird 5 bis 7 Meter hoch und kommt mit den meisten Gartenböden gut zurecht. Er bevorzugt einen Platz in der Sonne oder im lichten Schatten und steckt auch sommerliche Trockenheit gut weg. Die weißen Blütenschirme verströmen einen etwas eigenwilligen Geruch, doch die Blütezeit ist nur von kurzer Dauer. Dafür sind die roten Früchte später umso attraktiver, genau wie seine eiförmigen, gelappten Blätter, die sich im Herbst gelb bis orangerot färben.

TRADITIONSREICHER SPEIERLING

Für milde Regionen und geschützte Standorte ist der Speierling *(Sorbus domestica)* ein besonderer Baum, den man nicht allzu häufig sieht. Die Bezeichnung »domestica« steht für »zum Haus gehörend« – das macht ihn zu einem guten Kandidaten für einen Hausbaum. Er wird mit 10 bis 15 Metern etwas höher als die beiden anderen, bildet eine kegel- bis eiförmige Krone und ist recht wärmebedürftig. Geben Sie ihm unbedingt einen sonnigen bis halbschattigen Platz, an dem er vor starken Frösten geschützt ist. Am wohlsten fühlt er sich in kalkhaltigen, lehmigen Böden, die nicht zu feucht sind, verträgt dafür aber Trockenheit recht gut. Im Herbst färbt er seine Blätter gelb bis orange und wird so zu einem glühenden Blickfang.

WEIDENBLÄTTRIGE BIRNE

Können Birnen mediterranes Flair verbreiten? Wenn sie an einen Olivenbaum erinnern, schon. Die Weidenblättrige Birne schafft das mühelos, mit ihrem silbergrünen Laub zaubert sie ganz besondere Lichtstimmungen in den Garten.

Die malerische Weidenblättrige Birne *(Pyrus salicifolia)* ist ein kleiner Baum, den man nicht allzu häufig in den Gärten sieht. Dabei ist er relativ unkompliziert und recht anpassungsfähig.

SILBRIG SCHÖNE BESONDERHEIT

Auf den ersten Blick könnte man sie auch für einen Olivenbaum halten, ihr lockerer Wuchs mit den weit herabhängenden Zweigen und die schmalen, silbrig-graugrünen Blätter erinnern schon entfernt daran. Aber der zweite Blick offenbart, dass keine verwandtschaftlichen Beziehungen bestehen, denn das Laub ähnelt dem der Weide, daher auch der Name.

Wenn der silbrige Blattaustrieb im April/Mai beginnt, öffnen sich zur gleichen Zeit die weißen Blüten, die immer zu mehreren in kleinen Doldentrauben zusammensitzen. Gemeinsam mit dem Laub gibt das eine äußerst elegante Farbkombination, die den Baum mit einem zarten silbrigen Schimmer überhaucht. Sehr

attraktiv sehen auch die kleinen, 2 bis 3 Zentimeter großen Früchte aus, die im Sommer als winzige grüne Birnchen zwischen den grausilbrigen Blättern hervorleuchten und bis zum späten Herbst eine zusätzliche Zierde sind.

Die Weidenblättrige Birne braucht einen sonnigen Platz und einen lockeren, durchlässigen Boden, der trocken bis feucht, kalk- und nährstoffreich sein darf. Auf zu schweren Böden fasst sie allerdings nicht richtig Fuß. Ihre Wurzeln streckt sie tief in die Erde aus, deshalb verträgt sie sogar, wenn der Wegebelag bis an ihr näheres Umfeld heranreicht.

BLATTFARBE ALS GESTALTUNGSELEMENT

Bäume mit besonderen Laubfarben sind auffällige Blickpunkte, die tolle Gestaltungsmöglichkeiten bieten. Gerade die grau- bis silbrigen Blattkleider haben eine ungemein elegante Wirkung, die sich mit dem passenden Umfeld noch steigern kann. Helle Grüntöne in der Kulisse von Hecken und Sträuchern oder weiß-grün-graue Blüten- und Blattfarben als Partner bringen die Weidenblättrige Birne zum Leuchten. Die milchige Lichtstimmung unter dem Blätterdach ist einfach unvergleichlich. Und wer die malerische Wuchsform noch extremer liebt, für den gibt es sogar eine hängende Sorte *(Pyrus salicifolia* 'Pendula').

1. Was ein bisschen aussieht wie ein Olivenbaum ist eine Weidenblättrige Birne. Die Früchte bleiben ähnlich klein. 2. An der hübschen weißen Blüte wird die Verwandtschaft mit den Birnen deutlich.

WEISSDORN

Weißdorn, Rotdorn, Hahnendorn, Apfeldorn – sie alle gehören zur Gattung *Crataegus* und sind die klassischen Bäume für kleine Gärten. Kein Wunder, denn sie sind robust, brauchen nicht viel Platz und blühen und fruchten auch noch schön.

Dornig sind sie schon, doch die verschiedenen Weißdorn-Arten haben viele Vorzüge, die ein Hausbaum gerade in kleinen Gärten braucht. Dank ihrer tiefgehenden Wurzeln und ihrer harten Blätter vertragen sie Hitze und Trockenheit und stellen keine allzu großen Ansprüche an den Boden. Über ihre Früchte freut sich die Vogelwelt im Garten.

BLÜTEN UND FRUCHTSCHMUCK GARANTIERT

Der Apfeldorn (*Crataegus* × *lavallei* 'Carrierei') ist ein robuster Baum mit einer kompakten aufrechten Wuchsform, die sich später zu einer flach gewölbten Krone entwickelt und 5 bis 8 Meter Höhe erreicht. Schnittmaßnahmen sind dafür kaum nötig. Sehr attraktiv sind die glänzend dunkelgrünen Blätter, die sich im Herbst orangegelb färben. Daraus leuchten die kleinen roten Früchte hervor, die oft lange bis in den Winter hinein am Baum bleiben. Sehr anspruchslos ist auch der Hahnendorn (*Crataegus crus-galli*). Er bleibt mit 4 bis 7 Meter etwas kleiner, wächst gerne mehrstämmig und bildet eine breitrunde Krone mit ausladenden Ästen. Deutlich kompakter bleibt die Krone beim Pflaumenblättrigen Weißdorn (*Crataegus* × *prunifolia* 'Splendens'). Bei ihm sind es die duftenden weißen Blüten und ganz besonders die scharlachrote Herbstfärbung, die ihn zum prägenden Hausbaum machen können. Dagegen ist der Rotdorn (*Crataegus laevigata* 'Paul's Scarlet') wegen seiner leuchtend karmesinroten Blüte im Mai/Juni geschätzt. Er bleibt standhaft, auch wenn ihm der Wind kräftig um die Nase weht.

1. Kleiner Baum mit großer Wirkung: Der Hahnendorn punktet mit lange am Baum haftenden Früchten und weißer Blüte. 2. Rotdorn ist extrem frostfest und auch gut schnittverträglich. Die gefüllten Blüten muten fast nostalgisch an.

1

ZIERAPFEL

Wo der Platz für einen großen, knorrigen Apfelbaum nicht ausreicht, ist ein Zierapfelbaum bestimmt mehr als eine Alternative.
Die Blüte ist umwerfend und die kleinen Äpfelchen schmücken
den Baum auch noch den ganzen Winter über.

Bei den Zieräpfeln haben Sie richtig Auswahl aus einem großen Sortiment. Die Wildarten stammen ursprünglich aus Europa, Asien und Nordamerika, und die Züchtung hat daraus zahlreiche Sorten hervorgebracht, die mit unterschiedlichen Blütenfarben und Wuchsformen viele Gestaltungswünsche erfüllen. Je nach Sorte blühen Zieräpfel weiß, rosa oder sogar dunkel- bis weinrot. Die Blüte ist ein absolutes Highlight, die Sie sicher Jahr für Jahr kaum erwarten können. Anfang Mai bis Anfang Juni überschütten sich Zierapfelbäume in einer Blütenfülle, die andere Gehölze in den Schatten stellt. Als Hausbaum sorgt der Zierapfel damit für einen unübersehbaren Wiedererkennungswert in Ihrer Straße. Nach der Blüte legen die Bäume ein schönes gleichmäßiges Blätterkleid an und fügen sich willig in die Gartenkulisse ein. Manche Sorten legen als Zugabe im Herbst sogar noch eine schöne gelbe bis orange-rötliche Färbung ihrer Blätter obendrauf.

FRUCHTBEHANG IN FARBE

Ihren nächsten großen Auftritt haben die Zierapfelbäume dann im Herbst, wenn die kleinen Früchte üppig und leuchtend gelb, orange oder rot am Baum hängen. Bei einigen Sorten bleiben die leuchtenden Äpfelchen den ganzen Winter über an den kahlen Zweigen hängen. In der Wintersonne ist das ein herzerwärmender Anblick. Holen Sie sich auch ein paar davon nach drinnen, die Äpfelchen sind eine tolle Winter-Deko. Doch sind Zierapfelsorten nicht nur Gestaltungselemente. Die zierlichen Früchtchen sind ein beliebtes Winterfutter bei Vögeln und Kleintieren. Außerdem haben sie einen hohen Pektingehalt und eignen sich für Gelee oder Marmelade. Als frische Baumfrucht sind sie aber nicht unbedingt lecker, dafür kommen dann wirklich nur Sorten von Obstäpfeln infrage.

BESTE BEDINGUNGEN – SONNIG UND LOCKER

Zieräpfel sind allgemein recht anpassungsfähig. Sie brauchen einen sonnigen Platz und fühlen sich am wohlsten, wenn die Erde nicht zu trocken und schwer, sondern eher feucht, nährstoffreich und locker ist. Die meisten kommen aber durchaus auch einmal mit Trockenheit zurecht. Als Herzwurzler schicken sie eine starke Hauptwurzel in die Tiefe

und breiten ihre Seitenwurzeln waagrecht aus. Mit Frost gibt es wenig Probleme, achten Sie bei der Auswahl Ihrer Lieblingssorte aber darauf, dass sie möglichst wenig anfällig für Apfelschorf, eine Pilzkrankheit, ist.

GESUNDE SORTEN

'Red Sentinel' ist eine gesunde Sorte, die aus Neuseeland stammt, 4 bis 5 Meter hoch wird und eine schlanke Krone mit locker geneigten Seitenästen bildet. Ihre rosa Knospen öffnen sich im Mai zu einem weißen, duftenden Blütenmeer, das schnell vom Gebrumm der Bienen und Hummeln erfüllt ist. Die kugeligen Früchte sind circa 2 bis 2,5 Zentimeter groß, leuchtend rot und dabei leicht bereift. Das sieht umso schöner aus, wenn die Blätter im Herbst gefallen sind.

> ### UNGEFÜLLTE BLÜTENFORMEN SIND WERTVOLLE POLLENSPENDER FÜR DIE INSEKTENWELT.

Der Vielblütige Apfel (*Malus floribunda*), auch Japanischer Apfel genannt, ist die asiatische Form des Zierapfels und blüht sehr reich und sehr früh. Im Mai werden aus den rosaroten Knospen weiße, duftende Blüten mit zarten rosafarbigen Schleiern. Mit 4 bis 6 Metern bleibt der Baum relativ klein, wächst aber recht schnell und lässt sich im Lauf der Zeit eine malerische Krone mit hübsch überhängenden Zweigen stehen, was ihn zu einem richtig charakteristischen Hausbaum macht. Seine kleinen Früchte werden maximal 1 Zentimeter groß und leuchten vom Herbst bis in den Winter gelb, orange und rötlich in der Sonne – solange die Vögel sie nicht ernten. Dieser Zierapfel ist einer, der zusätzlich noch

1. 'Red Sentinel' gilt als schorffreie und extrem frostfeste Zierapfelsorte. Die überschäumende, duftende Blüte im Mai zieht viele Insekten an und noch mehr Blicke auf sich.

②

eine ausgesprochen schöne gelbe bis oran-
gerote Herbstfärbung liefert.

BLÜH- UND FRUCHTGARANTEN

Zu den robusten Sorten zählt auch 'Evereste',
die wenig schorfanfällig ist und als sehr frostfest gilt. Sie wird 4 bis 6 Meter hoch und bildet eine kegelförmige, lockere Krone mit ge-
sundem Laub. Je älter dieser Zierapfelbaum
wird, desto schöner hängen seine Zweige
nach außen über. Zur Blütezeit öffnet 'Evereste' seine rosaroten Knospen zu weißen, offe-
nen Schalenblüten und hüllt sich damit in einen umwerfenden, weißen, duftenden
Blütenschleier.

Seine Früchte sind eine wahre Wonne. So
zahlreich die Blüten im Frühjahr waren, so üppig ist der Fruchtbehang im Spätsommer. Den
ganzen Herbst und Winter über bleiben die
leicht bereiften Äpfelchen an ihren langen

Stielen am Baum hängen, nur starker Sturm
oder Regen bringt sie zu Fall. Auf der Sonnen-
seite färben sie sich leuchtend orange- bis
dunkelrot, auf der Schattenseite bleiben sie
etwas heller. Dadurch erscheint der gesamte
Baum bei Herbst- und Wintersonne in einem
feurig-strahlenden Licht.

Vergleichbar gute Eigenschaften hat auch die
Sorte 'Butterball'. Die gesunde und robuste
Sorte unterscheidet sich in der zartrosa über-
hauchten Blütenfarbe und in der Farbe der
Früchte, die so richtig goldgelb von den
Zweigen leuchten.

Wer eine reiche Blüte ganz in Rosa bevorzugt, entscheidet sich vielleicht für die Sorte
'Rudolph'. Die dunkel-rosaroten Blüten machen den Baum im Frühjahr zu einem echten
Blickfang. Ganz besonders schön ist an diesem Farbenrausch, dass die Blätter gleichzei-

tig in glänzendem Braunrot austreiben, was einen sehr hübschen Kontrast gibt und der Blütenfarbe noch mehr Tiefe verleiht. Die Sorte wächst mit einer schmal aufrechten Krone zu 4 bis 6 Metern Höhe heran, kommt also mit sehr wenig Platz aus. Dafür verabschieden sich die orangefarbenen Früchte bei Frost, der Winterschmuck ist bei dieser Sorte also weniger attraktiv ausgeprägt.

AUCH DIE HEIMISCHE TIERWELT FREUT SICH ÜBER DAS SPÄTE FRUCHTANGEBOT IM WINTER.

Ähnlich groß, aber mit rubinroter Blüte wird 'Royalty', ein aufrecht wachsender, kleiner Baum oder Großstrauch. Auch dieser Zierapfel beginnt gleichzeitig mit der Blüte seinen dunkelroten Laubaustrieb und behält ein grün-rötliches Blattkleid. Die Früchte sind bei dieser Sorte eher länglich und dunkelrot.

EINE NUMMER GRÖSSER

Der Wollapfel (Malus tschonoskii) stammt aus Japan, ist zwar deutlich weniger spektakulär in der Blüte, doch bietet er einige andere Vorzüge, die ihn zu einem treuen Begleiter im kleinen Garten machen können. Der kleine Baum wird mit 8 bis 12 Metern zwar etwas höher, wächst aber relativ langsam und bildet eine geschlossene, eiförmige bis rundliche Krone mit aufrecht strebenden Ästen.

Das unterscheidet ihn deutlich von den anderen Zierapfelsorten. Auch die Blüte hat andere Qualitäten. Im Mai öffnet er seine weißfilzigen, zart duftenden Blüten zusammen mit dem leicht silbrigen Laub. Die Blätter sind an der Unterseite dicht behaart, was auch ihnen einen etwas filzig-wolligen Charakter verleiht. Statt auf ein üppiges Blütenkleid konzentriert sich der Wollapfel auf die Herbstfärbung. Ab September wird der Baum zum wahren Gartenschatz, dann färbt er die Blätter in unterschiedliche, helle und dunkle Gelb-, Orange- und Rottöne. Sehr hübsch sind dann auch seine kleinen gelbgrünen bis rötlichen Früchte, die sich wie vieles andere an diesem Baum leicht rau und behaart geben. Insgesamt ist der Wollapfel recht anspruchslos, einzig Nässe verträgt er nicht.

2. Zieräpfel sind auch in der blatt- und blütenlosen Jahreszeit ungemein dekorativ im Garten.
3. Der Wollapfel bleibt kompakt im Wuchs. Seine Herbstfärbung ist spektakulär.

ZIERKIRSCHE

Kirschbäume werden normalerweise ziemlich groß. Die kleinere Variante davon ist die Zierkirsche aus Japan, die spektakuläre Blüten- orgien feiert, und zwar dann, wenn der Garten gerade dabei ist, zu erwachen. Geben Sie ihr als Hausbaum deshalb einen Ehrenplatz.

Japanische Zierkirschen können Gärten ver- zaubern. Ihre unvergleichliche Blüte schwebt wie eine Wolke im Garten, je nach Sorte schon ab Anfang April. Sogar bei einem be- schränkten Platzangebot ist die Auswahl un- ter den kleineren, schmalkronigen, säulenför- migen oder schwächerwüchsigen Varianten groß. Zierkirschen bilden keine oder nur sehr wenige Früchte, dafür entschädigen sie häufig mit einer tollen Herbstfärbung. Es lohnt sich, auch im Winter genau hinzusehen, wenn die Rindenfarben und -strukturen ganz deutlich in den Vordergrund rücken und damit beson- dere Gartenbilder auftauchen.

SORTENVIELFALT NACH WUNSCH

Suchen Sie sich aus dem großen Sortiment der Zierkirschen die aus, die in der Blütezeit und Blütenfarbe am besten zu Ihrer Umge- bung passt. Insgesamt sind Zierkirschen recht anspruchslos. Sie möchten einen sonnigen Standort und einen nährstoffreichen, gerne kalkhaltigen, tiefgründigen Gartenboden. Nur in sehr schweren Böden tun sie sich schwer, ihre Wuchsform zu entwickeln.

Eine anspruchslose Sorte, die schon Anfang April in rosa halbgefüllten Büschelchen blüht, ist die Frühe Zierkirsche (Prunus 'Accolade'). Sie wird 5 bis 7 Meter hoch und bildet eine leicht trichterförmige, lockere Krone, die sich mit zunehmendem Alter schirmartig nach au- ßen streckt. Im Herbst färbt sie ihr Laub gelb bis gelborange.

Für ganz kleine Gärten eignet sich bei pas- sender Umgebung ein extrem schmaler Wuchs gut. Die Säulen-Kirsche (Prunus serru- lata 'Amanogawa') wird 4 bis 7 Meter hoch und nur 1 bis 2 Meter breit. Ende April bis Anfang Mai öffnet sie eine Fülle an hell-rosa, halbgefüllten und zart duftenden Blüten.

1. 'Accolade' ist mit ihrer Blüte als eine der ers- ten Zierkirschen am Start. 2. Ab April scheint der Baum zu schweben und das gesamten Um- feld in eine luftige Leichtigkeit zu versetzen.

Wenn Sie genügend Platz haben, dann gönnen Sie sich gleich zwei oder drei davon, denn am besten wirken solche ausgefallenen Wuchsformen, wenn sie in Gruppen gepflanzt werden.

BESONDERE WUCHSFORMEN

Sehr beliebt ist die etwas größere Nelkenkirsche (Prunus serrulata 'Kanzan'), die 7 bis 12 Meter hoch wird. Sie sticht aber auch wirklich heraus mit ihrer außergewöhnlichen Wuchsform. Ihre steif aufragenden Äste formen eine trichterförmige Krone, und ihre Blüte im Mai ist eine Wonne. Dichte Büschelchen aus großen, gefüllten Einzelblüten tauchen den Baum ganz in Rosa und machen ihn unübersehbar. Ganz besonders schön schimmert er, wenn dazwischen das Laub mit bronzefarbenen Spitzen austreibt. Die glänzend grünen Blätter färben sich im Herbst gelborange, bevor sich der Baum in den Winter verabschiedet. Pflanzen Sie die Nelkenkirsche am besten dort, wo sie mit ihrer etwas steifen Wuchsform die passende Umgebung und ihre Blüte eine würdige Kulisse hat.

Wo dieser Baum doch zu groß ist, eignet sich aber vielleicht eine Variante davon. Die Hängende Nelkenkirsche (Prunus serrulata 'Kiku-shidare-zakura') wird 3 bis 6 Meter hoch und lässt ihre Zweige bogig überhängen, was ihr einen besonderen Charme, auch im Winter, verleiht. Wenn die Triebe dann ab Ende April dicht mit gefüllten, dunkelrosa Blüten besetzt sind, wird der Baum zum außergwöhnlichen Gestaltungselement, das in klaren, geradlinig und zurückhaltend angelegten Gärten den perfekten Auftritt hat.

Mit der Rotblättrigen Nelkenkirsche (Prunus serrulata 'Royal Burgundy') eröffnen sich noch andere, wunderbare Gestaltungsmöglichkeiten. Diese Form bleibt mit 5 bis 8 Metern etwas kleiner als 'Kanzan', hat aber deren trichterförmigen Wuchs mit den steil nach oben stehenden Ästen. Die dicht gefüllten Blüten überziehen den Baum Ende April überaus reich mit einem dunkel- bis purpurrosa Kleid. Der große Unterschied sind aber die Blätter, die sich aus dem bronzefarbenen Austrieb zu einem tiefen Purpurrot entfalten. Im Herbst überzieht sie dann ein bronzefarbener Schimmer.

Dunkellaubige Gehölze sind äußerst ausdrucksstark und eignen sich gut dazu, einen festen Blickpunkt im Garten zu setzen. Auch lassen sich zusammen mit hellblättrigen Gehölzen oder mit fein ausgewählten Stauden raffinierte Farbkombinationen schaffen. Stimmen Sie Ihre Fassadenfarbe darauf ab, dann ergibt sich ein harmonisch komponiertes Bild. Denn Zierkirschen sind in jedem Fall sowohl im Frühjahr als auch im Herbst unverwechselbare Blickpunkte.

3. So romantisch die Blüte auch anmutet – sobald der Baum belaubt ist, wirkt er umso klarer und ausdrucksstärker. 4. Die Nelkenkirsche ist für ihren charakteristischen Wuchs und ihre überschäumende Blüte bekannt.

GÄRTEN

VON KLEIN BIS MITTELGROSS

Sie haben zwar einen Garten, aber Ihr Hausbaum soll bitte nicht den ganzen Platz beanspruchen? In der Größenordnung von 8 bis 15 Metern gibt es genügend Auswahl, den Baum zu finden, der Ihnen genügend Raum für andere Dinge im Garten lässt, aber trotzdem das erfüllt, was Sie von ihm erwarten: mit einer schönen Wuchsform punkten, eine hübsche Blüte zeigen, für Licht- und Schattenspiel sorgen und mit seiner Umgebung zu einer Einheit werden.

AMBERBAUM

Der Amberbaum ist nicht nur im Sommer ein überaus zierender Baum mit einer lockeren Krone, sondern ganz besonders im Herbst und sogar im Winter. Denn ab September zeigt er eine fantastische Laubfärbung und danach ein höchst attraktives Winterkleid.

Ein Amberbaum (*Liquidambar styraciflua*) ist ein Hausbaum mit Charakter, der Ihnen bestimmt schnell ans Herz wachsen wird. Seine glänzend grünen Blätter erinnern an Ahornlaub, verwandt sind die beiden Baumarten aber nicht.

FLAMMENDE HERBSTFÄRBUNG

Die Herbstfärbung der Blätter setzt relativ früh ein, ab September scheint der Baum in Flammen zu stehen, dann strahlt das Laub purpur, weinrot, gelborange, scharlachrot bis fast violett, dass es in der Sonne nur so glüht. Sind die Blätter dann gefallen, kommt das Winterkleid des Amberbaums zum Vorschein. Seine Triebe sind mit Korkleisten besetzt, damit wirkt der Baum im Winter nicht einfach nur kahl, sondern setzt seine Silhouette mit der auffälligen Rindenstruktur in Szene. Als Zugabe gibt es dann noch hübsche, kugelige Früchte, die den Winter über an langen Stielen vom Baum hängen. Mit diesen Eigenschaften verdient der Amberbaum eine Einzelstellung, die besonders in einem klar und formal gestalteten Umfeld zur Geltung kommt.

1. Der Amberbaum ist ein Hausbaum mit Wiedererkennungswert. Sein Harz duftet nach Zimt und Vanille. 2. Die Blätter des Amberbaums erinnern an Ahornlaub, sind aber spitzer, länglicher und tiefer geschlitzt.

Sein aufrechter Wuchs macht den Amberbaum zu einem stattlich-markanten Gehölz, das aber trotzdem noch zu den kleineren bis mittelgroßen Bäumen zählt. Seine Heimat ist Nordamerika, dort wird er als »Sweet Gum« bezeichnet, denn sein aromatisches Harz wurde einst dazu verwendet, Kaugummi zu aromatisieren. In unseren Gärten möchte er einen durchlässigen, nicht zu trockenen Boden und ein eher saures bis neutrales Milieu. Verdichteten Boden schätzt er nicht, die Wurzeln brauchen genügend Raum, um sich herzförmig auszubreiten. Pflanzen Sie den Amberbaum am besten im Frühjahr, denn im Jugendstadium ist er noch ein wenig frostempfindlich. Geben Sie ihm auf jeden Fall einen richtig sonnigen Platz, sonst bleibt die spektakuläre Herbstfärbung hinter den Erwartungen zurück.

EINE NUMMER KLEINER

Die Sorte 'Worplesdon' bildet eine eher kegelförmige bis pyramidale Krone und wird 12 bis 15 Meter hoch. Sie entwickelt eine ausgesprochen symmetrische Wuchsform, bildet allerdings keine Korkleisten an den Trieben.

Mit der Sorte 'Gumball' gibt es auch eine Kugelform des Amberbaums. Sie wird 4 bis 7 Meter hoch und ist eine schöne Alternative zu den Kugelformen von Ahorn oder Robinie. Auch braucht die Sorte kaum Schnitt, um ihre kugelige Form zu wahren.

 Höhe in Meter | Baumform: 🌳 Kugel, 🌲 kegel- bis pyramidal, 🎄 säulenförmig, 🔺 klassisch, 🌴 eiförmig | ✱ Blüte | 🌰 Fruchtschmuck

EISENHOLZBAUM

Der Eisenholzbaum verdient den Präsentierteller im Garten. Er hat so hübsche Details, dass Sie ihn immer gut im Blick behalten sollten, um keines davon zu verpassen. Achten Sie auf die Wuchsform, die Rinde, die Blüte und die Laubfärbung im Herbst.

Mit der Blüte fängt es an. Vor dem Laubaustrieb des Eisenholzbaumes *(Parrotia persica)* schieben sich aus dunkelbraunen Knospenkapseln leuchtend rote Staubgefäße heraus. Sie muten für eine Blüte etwas ungewöhnlich an, sind aber ein wunderschönes Detail für genaue Beobachter.

EIN BAUM FÜR BEOBACHTER

Weiter geht es mit dem Laubaustrieb. Sehen Sie auch dabei immer mal wieder genau hin, denn die eiförmigen, leicht ledrigen, dunkelgrünen Blätter tragen kurz nach dem Entfalten einen roten Rand. Den Sommer über zeigt sich der Eisenholzbaum sattgrün, bevor er dann Mitte September zu einem fantastischen Farbwechsel ansetzt. Gelb, rot und purpur strahlen die Blätter in der Sonne, manche davon sogar in mehreren Farben.

Das Laub bleibt relativ lange haften, doch wenn der Baum dann kahl ist, kommt mit der Rinde das nächste Detail deutlich zum Vorschein. Je älter der Baum wird, desto schöner wird die Rinde. Sie blättert dann dekorativ in Platten ab und zeichnet – ähnlich wie die

Platane – ein schuppenartiges Muster auf den Stamm und die Hauptäste. Das sieht im Winter ganz besonders schön aus, wenn die Strukturen der Gehölze im Garten eine wichtige Rolle spielen. Auch kommt dann die Wuchsform des Baumes gut zur Geltung. Eisenholzbäume wachsen mit aufrecht nach oben strebenden Hauptästen und nach außen gestreckten Seitenästen. Das macht sie auch im unbelaubten Zustand zu majestätischen Charakteren. Ihre Wurzeln breiten sie dagegen eher flach im Boden aus.

BESTE PLÄTZE

Außer einem Platz, an dem er gut sichtbar ist, braucht der Eisenholzbaum volle Sonne, denn nur dort zeigt sich die beste Blattfärbung. Er bevorzugt durchlässige Gartenböden, die mäßig trocken bis feucht sein dürfen, mag aber keine schweren Lehmböden. Bieten Sie ihm einen geschützten Standort, da er in seinen Anfangsjahren etwas frostempfindlich ist.

Zwar wächst der Eisenholzbaum relativ langsam, doch braucht er auch später keine besonderen Schnittmaßnahmen. Im Gegenteil: Je weniger Sie schneiden, desto schöner und malerischer wird seine Form. Wer zu wenig Platz hat, für den ist die Sorte 'Vanessa' vielleicht eine Alternative, die etwas kleiner bleibt.

1. Die tolle Wuchsform und die fantastische Herbstfärbung verdienen Raum im Garten.
2. Die Staubgefäße ragen in dichten Bündeln aus den Hochblättern, die Blütenblätter fehlen.
3. Schon die Knospen sind auffällige Details.

FELSENBIRNE

Felsenbirnen haben etwas Zierliches an sich. Trotz ihrer Größe wirken sie leicht und luftig, das macht sie zu unaufdringlichen Hausbäumen. Setzen Sie sie mitten hinein in Ihre Gartenszenerie und freuen Sie sich an der tollen Blüte und der glühenden Herbstfarbe.

Es gibt viele gute Gründe, eine Felsenbirne zum Hausbaum zu erwählen. Einer davon ist ihre Anspruchslosigkeit, ein anderer ihre Wirkung als Blütenbaum und Herbstfärber.

HOCHSTAMM ODER GROSSSTRAUCH

Gerne werden Felsenbirnen als große Sträucher verwendet, wie die Kupfer-Felsenbirne (*Amelanchier lamarckii*). Doch seit einigen Jahren ist auch eine Hochstamm-Form im Angebot (*Amelanchier arborea* 'Robin Hill'), die das Sortiment an kleinkronigen Bäumen wertvoll bereichert. Die Krone entwickelt sich eiförmig bis rundlich mit kurzen, abstehenden Ästen. Ausladende Zweige sind bei ihr also nicht zu erwarten.

Im März/April überziehen schmale rosa Knospen den gesamten Baum mit einem zarten Schimmer, der sich zu einem federleichten Schleier entwickelt, wenn sich die weißen, leicht duftenden Blütentrauben öffnen. Die ovalen Blätter geben sich den Sommer über zurückhaltend mattgrün, verwandeln sich aber im Herbst in ein orangerotes Flammen-

meer. Im Herbst sind die kleinen schwarzen Beeren reif. Sie sind zwar essbar, aber nicht so aromatisch wie die der Kupfer-Felsenbirne, die man einst sogar als Korinthenersatz verwendet hat. Die Gartenvögel freuen sich aber in jedem Fall darüber.

Felsenbirnen kommen mit fast jedem Gartenboden in der Sonne oder im Halbschatten zurecht und sind unempfindlich gegen Trockenheit. Allerdings reagieren die flachen Wurzeln empfindlich, wenn sie mit Belägen überdeckt sind oder der Boden zu stark verdichtet ist.

1. Felsenbirnen wirken sowohl als Einzelgehölz als auch in der Gruppe immer leicht und luftig. Neben den mehrstämmigen Großsträuchern gibt es auch Hochstamm-Formen. 2. Die essbaren Beeren sind wertvolle Wildfrüchte.

GOLD-GLEDITSCHIE

8-12

Sie wirken elegant und leuchten strahlend in der Sonne. Mit ihrer auffälligen Blattfärbung unterscheiden sich Gold-Gleditschien von ihrem größeren Verwandten, dem Lederhülsenbaum. Doch sie bilden eine ebenso schöne, lockere Krone aus.

Bei Gold-Gleditschien (*Gleditsia triacanthos* 'Sunburst') denken viele zunächst an Mimosen. Das fein gefiederte Laub erinnert zumindest entfernt an die kapriziösen Exoten, mehr noch an Akazien. Doch die Gold-Gleditschie ist ein robuster Baum und gut geeignet, ein leuchtender Hausbaum zu werden.

AUFHELLER MIT LEUCHTKRAFT

Das Auffälligste an ihr ist die leuchtend hellgelbgrüne Blattfärbung. Mit diesem außergewöhnlichen Blätterkleid scheint der Baum zu strahlen. Setzen Sie ihn deshalb vor einen dunklen Hintergrund, der Kontrast verstärkt die Leuchtkraft des Laubs noch. Am besten wirkt er, wenn er eine Einzelstellung bekommt, wo er die Umgebung erhellen kann.

Im Gegensatz zur »großen« Gleditschie, dem Lederhülsenbaum, bildet die Sorte keine Dornen am Stamm und an den Zweigen aus. Auch bringt die Sorte keine der namensgebenden langen, ledrigen Hülsen hervor. Doch auch ohne schmückende Schoten ist die locker verzweigte Krone zu jeder Jahreszeit ein attraktiver Anblick. Die Blüte ist eher unscheinbar, die kleinen weißen Trauben öffnen sich im Juni und duften nach Honig.

Die Gold-Gleditschie möchte einen sonnigen und windgeschützten Standort. Sie ist sehr anpassungsfähig an den Boden, hat es aber am liebsten, wenn die Erde gleichmäßig feucht und nährstoffreich ist. Der Baum wächst recht langsam, braucht also auch keine größeren Schnittmaßnahmen. Je ungestörter er seine Krone aufbauen kann, desto schöner entwickelt er seine Wuchsform.

1. In der Sonne scheint die Gold-Gleditschie wie in goldenes Licht getaucht. 2. Die Blätter behalten das helle Gelbgrün den ganzen Sommer über. Im Herbst färben sie sich braun.

GOLD-ROBINIE

Wenn die Robinien duften, dann ist der Sommer da. Doch für den Garten ist der Baum meist zu groß. Die Gold-Robinie ist eine zierlichere Sorte, bleibt kleiner, duftet genauso und hüllt sich sogar noch in ein leuchtendes Kleid.

Anders als ihre große Verwandte setzt die Gold-Robinie (Robinia pseudoacacia 'Frisia') einen leuchtend goldgelben, nicht zu übersehenden Punkt in den Garten.

ERHELLT DUNKLEN HINTERGRUND

Für alle, die ein schnelles Ergebnis sehen möchten, ist die Gold-Robinie der ideale Baum, denn gerade in der Anfangszeit wächst sie relativ schnell. Dabei bleibt die Krone recht schmal, baut dabei aber eine recht lockere Form auf.

Zu einem markanten Begleiter Ihres Hauses wird sie aber ganz besonders wegen ihrer auffallenden Laubfarbe. Schon im Austrieb leuchten die Blätter orangegelb und entfalten sich dann zu einer strahlend goldgelben Belaubung, die bis zum Herbst anhält. Wie bei allen Bäumen mit gefiedertem Blattkleid ist das Licht- und Schattenspiel eine schöne zusätzliche Dreingabe, für die Sie bestimmt ein Auge haben. Geben Sie der Gold-Robinie einen dunklen Hintergrund, dann entfaltet sich ihre Leuchtkraft besonders intensiv.

'Frisia' heißt die Robinien-Sorte, die mit ihrer auffälligen Blattfärbung kräftig aus ihrer Umgebung herausstrahlt. Sie hat aber auch eine wehrhafte Seite: An ihren hellbraunen Trieben sitzen weinrot schimmernde Dornen.

Die weiße Blüte Ende Mai/Anfang Juni verströmt einen süßlichen Duft, auch Bienen lieben die langen Blütentrauben. Im Spätsommer bilden sich lange braune Fruchthülsen, die oft den Winter über am Baum bleiben. Doch Vorsicht: Wie alle anderen Teile der Robinie sind sie giftig. Einzig die Blüten sind essbar.

Die Gold-Robinie braucht einen vollsonnigen Standort, der möglichst windgeschützt ist. An den Boden stellt sie keine Ansprüche, solange er nicht zu schwer und undurchlässig ist. Allerdings kann die Robinie durchaus lästig wer-

> **HABT EHRFURCHT VOR DEM BAUM. ER IST EIN EINZIGES GROSSES WUNDER.**
>
> Alexander von Humboldt

den. Sie breitet ihre Wurzeln weit in die Umgebung aus und sucht sich die feuchtesten Bereiche. Entfernen Sie die Ausläufer, die sich gerne bilden, sonst werden sie bald zu viele davon haben. Und das wäre schade, denn die Gold-Robinie hat das Zeug zu einem leuchtenden Hausbaum mit Sonderstellung.

HAINBUCHE

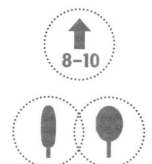

Hainbuchen sind heimische Allrounder. Robust, schnittverträglich, anspruchslos und von beeindruckender Größe. Seit Jahrhunderten sind sie deshalb in großen Parks geschätzt. Für Gärten mit weniger Platz gibt es aber Sorten, die deutlich kleiner bleiben.

Die Hainbuche *(Carpinus betulus)* hat viele Namen. Je nach Region ist sie auch als Hagebuche, Steinbuche oder Weißbuche bekannt. Sie ist das Symbol für Lebendigkeit, Frische und Standhaftigkeit, wohl deshalb weil sie so robust ist. Das sind doch fast perfekte Eigenschaften für einen Hausbaum.

AUCH FÜR KLEINERE GÄRTEN
Nur wenige Gehölze vertragen einen Standort sowohl in der Sonne als auch im Schatten. Wer gerne eine Hainbuche, aber nicht gleich einen mächtigen Parkbaum pflanzen möchten, hat mit der Säulen-Hainbuche *(Carpinus betulus* 'Frans Fontaine') eine schlanke, ei- bis säulenförmig wachsende Alternative. Sie hat alle Eigenschaften der Hainbuche, bleibt aber deutlich kleiner und behält eine kompakte Kronenform. Dafür sind auch keine Schnittmaßnahmen notwendig, die Form bleibt selbst bei älteren Bäumen erhalten.

Die robuste Hainbuche passt sich den meisten Bodenverhältnissen an. Trocken bis feucht, sauer bis alkalisch und sandig bis tonig sind

für sie kein Problem. Nur Staunässe verträgt sie nicht und ihr verzweigtes Herzwurzelsystem ist etwas empfindlich gegen Verdichtungen oder Überdeckungen mit Belägen.

Charakteristisch für die Hainbuche ist ihre glatte, silbrige Rinde, die im Winter für einen schönen Strukturaspekt sorgt. Die länglich-ovalen Blätter erkennt man gut an den tiefen Blattrippen. Ihr frisches Grün wird auch im Sommer nicht viel dunkler, das nimmt dem Baum die Schwere. Im Herbst färbt sich das Laub gelb, in der Sonne scheint es fast

> DER BEGRIFF
> »HANEBÜCHEN«
> GEHT AUF DAS
> HARTE HOLZ DER
> HAINBUCHE
> ZURÜCK.

golden zu leuchten. Die Blätter fallen danach aber nicht ab, sondern bleiben bis zum nächsten Frühjahr am Baum. Sie räumen das Feld erst mit dem Neuaustrieb. Ein hübsches Schauspiel sind auch die geflügelten Nüsschen, die Früchte der Hainbuche. Sie hängen an langen Büscheln an den Zweigen und der Wind lässt sie im Herbst kreiselnd tanzen.

Die Säulen-Hainbuche wächst auch auf schwierigen Standorten zuverlässig sowohl in sonnigen Gärten als auch in schattigen Innenhöfen. Mit ihrer schlanken, pyramidalen Krone spricht sie eine klare Formensprache.

PURPUR-ERLE

Erlen sind normalerweise die erste Wahl für feuchte Standorte. Die Purpur-Erle fühlt sich aber auf fast allen Gartenböden wohl. Weil sie so anspruchslos ist, wird sie gerne als Straßenbaum verwendet. Warum also nicht auch als Hausbaum?

Ein raschwüchsiger Baum soll es sein? Mit der Purpur-Erle (*Alnus × spaethii*) dauert es nicht allzu lange, bis sich ein ansehnlicher Hausbaum entwickelt hat.

SCHÖNE DETAILS AM BAUM

Die anspruchslose Purpur-Erle kommt durchaus elegant daher. Ihre Kronenform ist pyramiden- bis kegelförmig, und je älter der Baum wird, desto graziler streckt er seine Äste waagrecht zur Seite aus.

Die dunkelgrünen, kräftigen und fast ledrigen Blätter sind länglich zugespitzt und glänzen ganz leicht. Die Purpur-Erle hält auch lange daran fest, das Laub bleibt bis spät im Herbst am Baum haften. Schon beim Austrieb schimmert das künftige Blattkleid purpur-violett, das gibt dem Baum im Frühjahr eine leicht rötliche Färbung. Ein hübscher Schmuck sind die grünen zapfenförmigen Früchte, die meist in Vierer-Gruppen zuerst hellgrün, später braun aus dem Laub hervorleuchten.

1. Purpur-Erlen sind extrem anspruchslos. Das macht sie zu idealen Stadtbäumen. Trotzdem sieht man sie im Hausgarten nicht allzu häufig.
2. Holzige Zapfen sind selten für Laubbäume.

Die Blüte ist zwar nicht spektakulär, aber wenn schon im Januar/Februar die rötlich-gelben männlichen Blüten erscheinen, fallen die dünnen, langen Kätzchen schon auf. Wer allerdings allergisch auf Erlen reagiert, sollte gut überlegen, ob die Purpur-Erle die richtige Wahl als Hausbaum ist.

EIN BAUM FÜR ALLE FÄLLE

Wegen ihrer Anspruchslosigkeit erfährt die Purpur-Erle steigende Beliebtheit für Begrünungen im städtischen Raum und an Straßenrändern. Sie kommt mit nahezu allen, auch ärmeren Bodenarten zurecht, gilt als sehr frosthart und bleibt auch an windigen Plätzen unbeeindruckt standfest. Wärme und längere Trockenheit verträgt sie gleichermaßen wie kühle und feuchte Ecken. Ein Baum, der sich also sogar für die eher ungünstigen Standorte im Garten eignet. Die dürfen sowohl in der Sonne als auch im lichten Schatten sein.

Die Purpur-Erle wurzelt flach im Boden, geben Sie ihr also ein bisschen Raum im Garten und pflastern Sie den Wegebelag nicht zu nah an sie hin. Doch gegen eine schöne Unterpflanzung mit Stauden hat sie nichts, die muss nur den Standortbedingungen angepasst sein, damit sie eine schöne Einheit mit dem neuen Hausbaum bilden kann.

TRAUBENKIRSCHE

Traubenkirschen sind fantastische Frühjahrsblüher, die einen richtigen Aprilduft verströmen. Wem der klassische Großstrauch zu mächtig ist, pflanzt sich eine kleinkronige Variante davon. Der Blütenreichtum ist nicht geringer.

Ein ordentlich gerade wachsender Baum mit einer kegel- bis eiförmigen Krone, das ist meist die optimale Form für einen Hausbaum. Bei der Traubenkirsche (*Prunus padus* 'Schloss Tiefurt') gibt es zusätzlich eine duftende Blütenwolke. Früchte bildet diese Sorte allerdings nicht.

KLEINER BAUM MIT SÜSSER BLÜTE

Traubenkirschen wachsen normalerweise zu großen Sträuchern heran. Die Sorte 'Schloss Tiefurt' bleibt aber deutlich kleiner, sie ist als Hochstamm kultiviert, deren Krone dicht verzweigt ist. Im Wuchs mittelstark, ist sie gut dafür geeignet, ein schöner, nicht allzu ausufernder Hausbaum zu werden.

Im April beginnt die Traubenkirsche, einen süßlichen Duft nach Honig aus ihren weißen Blütentrauben zu verströmen. Zur gleichen Zeit treibt auch das Laub aus, der Baum gehört zu denen, die schon bald im Frühling ihr vollständiges Blätterkleid tragen. Auch bei der Herbstfärbung ist die Traubenkirsche mit dabei und wechselt zu gelb-rötlichen Tönen.

Für kühle Standorte ist die Traubenkirsche bestens geeignet, sie liebt es halbschattig bis sonnig, und nicht zu trocken, sondern lieber feucht. Der Boden darf sowohl sandig-kiesig als auch lehmig bis tonig sein, nur kalkhaltige Erde verträgt die Traubenkirsche weniger gut.

1. Die Blüten der Traubenkirsche sind zierlich und duften unvergleichlich nach Frühling. 2. Die Sorte 'Schloss Tiefurt' wächst als kleinkroniger Baum mit geradem Leittrieb. Deshalb wird sie auch gerne als Straßenbaum verwendet.

TROMPETENBAUM

Seinen Namen hat dieser beeindruckende Baum der Form seiner Blüten zu verdanken. Die ist aber nicht das einzig Bemerkenswerte an diesem beliebten Gartengehölz. Als Hausbaum hat er noch wegen anderer Details einen hohen Wiedererkennungswert.

Auf den ersten Blick wirkt er fast tropisch, doch die Heimat des Trompetenbaumes *(Catalpa bignonioides)* liegt in Nordamerika. Natürlich ist die Blüte eine Attraktion, die glocken- oder eben trompetenförmigen Einzelblüten bilden aufrechte Rispen, öffnen sich im Juni/Juli und sitzen wie kleine Schaumberge am Baum. Aber auch das besondere Laubkleid trägt zur Attraktivität des Baumes bei. Die großen herzförmigen Blätter sitzen meist in Dreier-Bündeln am Zweig und zeichnen mit ihrem frischen Grün und ihrer weichen Struktur ein schönes Kronenbild. Sie treiben erst relativ spät im Frühjahr aus und fallen auch im Herbst früh wieder ab. Das ist allerdings zu verschmerzen, denn dann treten die langen bohnenförmigen Schoten in den Vordergrund, die den Baum den ganzen Winter über zieren.

Trompetenbäume sind zwar anspruchslos, schätzen aber einen wind- und frostgeschützten Platz in der Sonne oder im Halbschatten. Auf nährstoffreichen und tiefgründigen Böden fühlen sie sich am wohlsten. Achten Sie aber darauf, ihre Herzwurzel nicht durch Graben oder Hacken zu stören.

EINE NUMMER KLEINER

Wo der Platz für den Trompetenbaum nicht ganz ausreicht, ist vielleicht der Gold-Trompetenbaum *(Catalpa bignonioides* 'Aurea') die Lösung. Diese Sorte bleibt mit 6 bis 8 Metern deutlich kleiner und zieht die Blicke auf sich,

> ## BÄUME SIND GEDICHTE, DIE DIE ERDE IN DEN HIMMEL SCHREIBT.
>
> Khalil Gibran

weil ihr Laub zunächst goldgelb austreibt und sich im Laufe des Sommers von zitronengelb zu einem hellen Gelbgrün färbt. Auch bei dieser Variante türmen sich die weißen Blütenrispen zwischen den großen Blättern hervor, was ein tolles Farbspiel bietet.
Zwar wirken Trompetenbäume richtig toll, wenn sie ihre Größe als Solitärbaum entfalten

können, doch erfreuen sich seit einigen Jahren auch die Kugelformen steigender Beliebtheit. Die Sorte 'Nana' bleibt mit 4 bis 7 Metern ein kleiner Baum, die breite kugelige Krone spricht aber mit den großen Blättern eine ganz attraktive und ausdrucksstarke Formensprache. Die kommt, wie bei anderen Kugelbäumen auch, besonders intensiv zum Ausdruck, wenn sie zu mehreren in einer Gruppe oder einer Reihe verwendet werden. Allerdings müssen Sie bei dieser Form des Trompetenbaumes auf die dekorative Blüte und Frucht verzichten und ganz auf den formalen Aspekt setzen. Der bleibt dafür ohne große Schnittmaßnahmen erhalten.

1. Ein Blick in das Innere der weißen Blütenglöckchen offenbart den hellgelben Schlund und purpurfarbene Flecken. 2. Die kugelförmige Sorte 'Nana' geht im Alter auch in die Breite.

GRÖSSERE GÄRTEN

MIT PLATZ FÜR GROSSE BÄUME

Der große, mächtige Baum mit weit ausladenden Ästen ist der Inbegriff des Hausbaums. Wer künftigen Generationen das Grundgerüst für die Schaukel oder das Baumhaus bereiten möchte und genügend Platz für einen großen Baum hat, wird bei Klassikern ebenso fündig wie bei Bäumen, die nicht allzu häufig in Hausgärten stehen.

Es muss nicht immer die knorrige Eiche oder Kastanie sein, auch unter den größeren Bäumen gibt es ebenso ausgefallene wie elegante oder gemütliche Charaktere. Sie alle brauchen nur genügend Raum, um ihren ganzen Charme gebührend entfalten zu können.

ESSKASTANIE

Esskastanien sind etwas ganz Besonderes. Sie brauchen ein mildes Klima und ein wenig Geduld, um zu stattlichen Bäumen heranzuwachsen. Dafür ist der Zuwachs Jahr für Jahr deutlicher erkennbar. In den stacheligen Fruchthüllen reifen dann auch kleine Maronen.

Wintermildes Klima, das brauchen die Esskastanien oder Maronenbäume (Castanea sativa) in jedem Fall, denn ihre ursprüngliche Heimat liegt in Südeuropa und Kleinasien. Angeblich haben sie schon die Römer in Mitteleuropa verbreitet.

SCHÖNER BLATTSCHMUCK
Im Garten entwickelt die Esskastanie im Laufe der Jahre eine breit ausladende und hochgewölbte Krone. Oft ist der Stamm auch drehwüchsig, was ein interessantes Rindenbild ergibt.

Die großen, länglichen und dunkelgrün glänzenden Blätter treiben spät im Frühjahr aus. Auffällig sind ihre groben Zähnchen am Rand. Im Oktober gibt sich das Laub dann eine goldgelbe Färbung.

Zwar ist die Esskastanie nicht unbedingt ein Blütenbaum, doch die männlichen Blütenkätzchen, die als grünlich-weiße Ähren im Juni/Juli erscheinen, fallen auf. Nicht zuletzt, weil sie einen intensiven Duft verströmen.

Die stacheligen Fruchtkapseln bergen dann die eigentliche Schätze – glänzend braune Maronen. Auf einen nennenswerten Fruchtansatz können Sie aber nur in wirklich milden Regionen hoffen.

Esskastanien sind wärmeliebende Bäume für die Sonne oder den lichten Schatten, der Boden sollte durchlässig und nicht zu nass sein. Trockenheit ist kein Problem, der Baum bildet tiefgehende, weitreichende Wurzeln. Allerdings ist er frostempfindlich, deshalb braucht er unbedingt einen geschützten Platz.

1. Esskastanien erreichen stattliche Höhen und verdienen eine Einzelstellung. Ihr Holz hat eine ähnliche Qualität wie das der Eiche.
2./3. Für heiße Maroni in ausreichender Größe und Menge dauert es einige Jahrzehnte.

Höhe in Meter | Baumform: 🌳 Kugel, 🌲 kegel- bis pyramidal, 🌱 säulenförmig, 🌴 klassisch, 🌳 eiförmig | ✳ Blüte | 🌿 Fruchtschmuck

1

JAPANISCHER SCHNURBAUM

Der Japanische Schnurbaum macht eine elegante Figur. Trotz der Größe, die er erreicht, wirkt er immer leicht und zierlich. Als einer der wenigen Bäume blüht er im Spätsommer, darauf müssen Sie aber warten, bis er etwas älter ist.

Besondere Gartengestaltungen verdienen einen entsprechenden Hausbaum. Mit seiner bewegten Krone passt der Japanische Schnurbaum (Sophora japonica) dorthin, wo eine luftige Auflockerung guttut.

ES BRAUCHT GEDULD FÜR DIE BLÜTE

Der mittelgroße Baum entwickelt eine rundliche, breit gewölbte Krone, in der die Hauptäste wie ein Trichter nach oben streben. Wie zum Ausgleich strecken sich die unteren Astpartien fast waagrecht zur Seite aus. Anfangs wächst der Schnurbaum noch recht langsam, doch wenn er einmal Fuß gefasst hat, gewinnt er recht schnell an Größe.

Die gefiederten Blätter treiben erst spät im Frühjahr aus, bleiben dafür aber lange im Herbst am Baum haften. Im Gegensatz zu den meisten anderen Gehölzen blüht der Schnurbaum erst im August in lockeren cremeweißen Schmetterlingsblüten und ist damit ein wichtiger Spätsommerblüher. Auch gilt er damit als wertvolles Bienennährgehölz. Nur in warmen Sommern und in milden Regionen bilden sich die namensgebenden Fruchthülsen, die an den Seiten wie eingeschnürt aussehen. In ihrem Inneren sind die Samen perlschnurartig aufgereiht.

Der Baum braucht einen sonnigen Standort mit einem gut durchlässigen, nicht zu schweren Boden. Wenn er gut eingewachsen ist, verträgt er auch längere Trockenheit gut. Wichtig zu wissen: Alle Teile des Japanischen Schnurbaums sind giftig.

1. Die Wuchsform lockert auch strenge Gestaltungsformen auf. Gut zu wissen: Schnittmaßnahmen sollten Sie nur im Herbst durchführen.
2. Der Japanische Schnurbaum blüht erst, wenn er 10 bis 15 Jahre alt ist.

TUPELOBAUM

Wenn Sie das Außergewöhnliche suchen, ist vielleicht ein Tupelobaum aus Nordamerika das Richtige. In Hausgärten steht er nur selten, dabei ist er ein äußerst attraktiver Baum, der eine fantastische Herbstfärbung bietet.

Er verdient einen Platz mit optimalem Blickbezug, denn der Tupelobaum *(Nyssa sylvatica)* ist ein mittelgroßer Baum mit einer schmal kegelförmigen Krone, der seine Äste auffallend waagrecht am Stamm ansetzt. Das verleiht ihm eine fast majestätische Haltung.

GLÜHEND IM HERBST

Dieser Eindruck verstärkt sich im Herbst noch, denn dann setzt der Tupelobaum zu einer prachtvollen Herbstfärbung an und taucht seine Blätter in glühendes Rot. Genießen Sie den Anblick, wenn der Baum in der Sonne zu leuchten beginnt. Den Sommer über zeigt er glänzend grünes, festes, fast lederartiges Laub.

Die Blüte ist unscheinbar. Hübsch sind dann wieder die Früchte, die als kleine blauschwarze Kugeln einen schönen Kontrast zu den herbstroten Blättern geben. Sie sind allerdings säuerlich-bitter und nur für Vögel genießbar.

Tupelobäume brauchen unbedingt einen vollsonnigen, am liebsten auch windgeschützten Standort. Der Boden darf nicht kalkreich sein,

der Baum braucht tiefgründige, durchlässige, lockere Erde, die feucht, ja sogar nass sein darf. So kann er am besten seine tiefe Pfahlwurzel bilden, die keinesfalls durch Hacken oder Graben in der Umgebung gestört werden möchte.

Große Schnittmaßnahmen braucht der Tupelobaum nicht, er entwickelt sich umso schöner, je weniger an ihm geschnitten wird. Lassen Sie ihn am besten in Ruhe, dann wird er Ihnen ein guter, prächtiger Freund.

1. Im Herbst wechselt der Baum die Laubfarbe in feurige orange-rote Töne. 2. Die Blüten sind eher unscheinbar zwischen den ledrigen Blättern. 3. Blauschwarze Früchte bieten einen schönen zusätzlichen Farbaspekt im Herbst.

WALNUSS

Der Walnussbaum ist der Klassiker unter den Hausbäumen. Er wird immerhin 120 bis 150 Jahre alt, da kann er schon einige Generationen überdauern. Für große Gärten mit viel Platz ist er einfach ein unschlagbarer Charakterbaum.

Mit ihren riesigen, schattenspendenden Kronen waren Walnussbäume schon immer beliebte Haus- und Hofbäume. Planen Sie den Standort genau, denn eine Walnuss lässt sich kaum mehr umpflanzen.

AUSLADEND UND MAJESTÄTISCH

Walnussbäume *(Juglans regia)* wachsen relativ langsam, ihre ausladende Kronenform wird aber schon bald deutlich. Je älter der Baum wird, desto weiter streckt er seine Äste malerisch aus. Mit dem Blattaustrieb im Frühling lässt er sich Zeit, schließlich ist er etwas spätfrostgefährdet. Setzen Sie ihn deshalb nicht unbedingt den kühlsten und windigsten Ecken im Garten aus. Auch ist er im Herbst einer der ersten Bäume, der das Laub wieder abwirft. Dennoch ist er mit seiner Wuchsform und der grauen Rinde auch im Winter eine Augenweide.

Die großen Fiederblätter sind bis zu 30 Zentimeter lang und duften beim Zerreiben aromatisch. Natürlich sind die Walnüsse mit ein Grund, den Baum zu pflanzen. Ab September fallen die grünen Fruchtkugeln zu Boden und geben die gut verpackte Nuss frei. Den größten Ertrag versprechen die Bäume übrigens in einem Alter zwischen 30 und 60 Jahren.

Der Walnussbaum verträgt Sonne bis lichten Schatten und stellt kaum Ansprüche an den Boden, er kommt auf fast allen Gartenböden gut zurecht. Seine Wurzel geht tief nach unten, deshalb bevorzugt er durchlässige Erde. Sollten Sie den Baum wirklich einmal schneiden müssen, dann nur im Spätsommer oder Herbst, später würde er zu stark »ausbluten«.

1. Als Hausbaum setzt die Walnuss ein unübersehbares Zeichen und kann sogar ganze Straßenräume prägen. 2. Walnussbäume bieten zwar keine auffälligen Blüten, dafür aber umso wertvollere Früchte.

WINTERLINDE

Die klassische Linde darf bei den Hausbäumen natürlich nicht fehlen. Sie ist ein Baum voller Symbole und Geschichte, verkörpert Güte und Gerechtigkeit. Und natürlich ist die Lindenblüte der Inbegriff des Sommers, was sonst duftet so betörend?

300 Jahre kommt sie, 300 Jahre bleibt sie, 300 Jahre geht sie – so heißt es über die Linde. Sie können ihr also eine langfristige Perspektive einräumen. Von der Linde gibt es viele verschiedene Arten. Eine davon ist die Winterlinde *(Tilia cordata)*. Sie entwickelt sich zu einem prachtvollen, großen Baum mit einer breiten, kegelförmigen Krone.

BESTER HONIGLIEFERANT
Charakteristisch für die Linde ist ihr schief herzförmiges Blatt, das auf der Unterseite kleine bräunliche Bärte in den Blattachseln hat. Im Herbst färbt sich das Laub leuchtend goldgelb, gerade bei größeren Bäumen ist das ein sonniger Anblick. Anfang Juli beginnt die Winterlinde mit der Blüte und nicht nur Bienen und Hummeln stürzen sich begeistert darauf. Der süßliche Duft ist unvergleichlich – stellen Sie sich eine Bank in die Nähe, um ihn ausgiebig genießen zu können.

Die Winterlinde ist ein recht anspruchsloser Baum. Sie braucht einen sonnigen oder halbschattigen Platz und ist sehr anpassungsfähig

an den Boden. So kommt sie auch mit weniger Feuchtigkeit aus, und selbst frostige Lagen machen ihr keine Probleme. Winterlinden haben auch deutlich weniger Probleme mit Blattläusen als Sommerlinden, bei denen die Honigtau-Ausscheidungen ziemlich lästig werden können.

Winterlinden sind in zahlreichen Sorten erhältlich, die auch deutlich kleiner bleiben. 'Rancho' ist ein robuster Baum mit schmaler Krone und wird 8 bis 12 Meter hoch. 'Greenspire' entwickelt eine eiförmige, geschlossene Krone und erreicht 15 bis 20 Meter.

1. Linden haben eine lange Tradition als Hausbaum. Unter den vielen Arten und Sorten gibt es auch kleinkronige. 2. Lindenblüten versorgen eine Vielzahl von Insekten. Der Baum spielt eine wichtige ökologische Rolle im Garten.

BÄUME MIT SCHÖNEN BLÜTEN

DEUTSCHER NAME	BOTANISCHER NAME	HÖHE IN METER	BLÜTE
Apfeldorn	*Crataegus × lavallei* 'Carrierei'	5–8	weiß-rosa, Mai
Blasenbaum	*Koelreuteria paniculata*	6–8	weiß, Juli bis August
Felsenbirne	*Amelanchier arborea* 'Robin Hill'	6–8	weiße Blütentrauben, April
Gewöhnlicher Judasbaum	*Cercis siliquastrum*	3–8	purpurrosa, April
Gold-Robinie	*Robinia pseudoacacia* 'Frisia'	8–10	weiß, süßlich duftend Ende Mai/ Anfang Juni
Hängende Nelkenkirsche	*Prunus serrulata* 'Kiku-shidare-zakura'	3–6	dunkelrosa, gefüllt Ende April/Anfang Mai
Hahnendorn	*Crataegus crus-galli*	4–7	weiß, Mai/Juni
Japanischer Schnurbaum	*Sophora japonica*	15–20	cremeweiß, Juli/August
Kanadischer Judasbaum	*Cercis canadensis* 'Forest Pansy'	6–8	purpurrosa, April
Kobus-Magnolie	*Magnolia kobus*	8–10	weiß, April/Mai
Kornelkirsche	*Cornus mas*	4–7	gelb, Februar/März
Kupfer-Felsenbirne	*Amelanchier lamarckii*	6–8	weiß, April
Magnolie 'Black Tulip'	*Magnolia* 'Black Tulip'	4–7	dunkel-purpurrot, April
Mehlbeere	*Sorbus aria* 'Magnifica'	6–10	weiß, Mai/Juni
Mispel	*Mespilus germanica*	3–5	weiß, Mai/Juni
Nelkenkirsche	*Prunus serrulata* 'Kanzan'	7–12	rosa, gefüllt, April/Mai
Pagoden-Hartriegel	*Cornus controversa*	4–8	weiß, Juni

DEUTSCHER NAME	BOTANISCHER NAME	HÖHE IN METER	BLÜTE
Pflaumenblättriger Weißdorn	Crataegus × prunifolia 'Splendens'	6–7	weiß, Mai/Juni
Rotblättrige Nelken-kirsche	Prunus serrulata 'Royal Burgundy'	5–8	dunkel- bis purpurrosa, gefüllt, April/Mai
Rotdorn	Crataegus laevigata 'Paul's Scarlet'	4–6	karmesinrot, Mai/Juni
Säulen-Eberesche	Sorbus × aucuparia 'Fastigiata'	5–7	weiß, Mai/Juni
Säulen-Kirsche	Prunus serrulata 'Amanogawa'	5–7	hellrosa, halbgefüllt, zart duftend, April/Mai
Speierling	Sorbus domestica	10–15	weiß, Mai/Juni
Thüringische Mehlbeere	Sorbus × thuringiaca 'Fastigiata'	5–7	weiß, Mai/Juni
Traubenkirsche 'Schloss Tiefurt'	Prunus padus 'Schloss Tiefurt'	9–12	weiß, duftend, April/Mai
Trompetenbaum	Catalpa bignonioides	10–15	weiß, Juni/Juli
Vielblütiger Apfel	Malus floribunda	4–6	weiß, leicht rosa, Mai
Weidenblättrige Birne	Pyrus salicifolia	4–6	weiß, April/Mai
Winterlinde	Tilia cordata	15–25	gelblichweiß, duftend, Juli
Zierapfel 'Butterball'	Malus 'Butterball'	4–6	rosaweiß, April/Mai
Zierapfel 'Evereste'	Malus 'Evereste'	4–6	weiß, April/Mai
Zierapfel 'Red Sentinel'	Malus 'Red Sentinel'	4–5	weiß, April/Mai
Zierapfel 'Royalty'	Malus 'Royalty'	4–6	rubinrot, April/Mai
Zierapfel 'Rudolph'	Malus 'Rudolph'	4–6	dunkelrosa, April/Mai
Zierkirsche 'Accolade'	Prunus 'Accolade'	5–7	rosa, halbgefüllt, April

BESONDERE WUCHSFORMEN

DEUTSCHER NAME	BOTANISCHER NAME	HÖHE IN METER	WUCHSFORM
Eisenholzbaum	*Parrotia persica*	6–10	trichterförmig aufrecht
Feldahorn 'Elsrijk'	*Acer campestre* 'Elsrijk'	6–12	kegel- bis eiförmig
Hängende Nelkenkirsche	*Prunus serrulata* 'Kiku-shidare-zakura'	3–6	Hängeform
Japanischer Schnurbaum	*Sophora japonica*	15–20	locker, Krone breit gewölbt
Kugel-Amberbaum	*Liquidambar styraciflua* 'Gumball'	4–7	kugelförmig
Kugel-Feldahorn	*Acer campestre* 'Nanum'	6–8	kugelförmig
Kugel-Spitzahorn	*Acer platanoides* 'Globossum'	5–6	kugelförmig
Kugel-Trompetenbaum	*Catalpa bignonioides* 'Nana'	4–7	kugelförmig
Mispel	*Mespilus germanica*	3–5	schirmförmig
Nelkenkirsche	*Prunus serrulata* 'Kanzan'	7–12	trichterförmig
Pagoden-Hartriegel	*Cornus controversa*	4–8	Äste waagrecht in Etagen am Stamm
Säulen-Eberesche	*Sorbus aucuparia* 'Fastigiata'	2–4	schmal kegelförmig
Säulen-Hainbuche	*Carpinus betulus* 'Frans Fontaine'	8–10	ei- bis säulenförmig
Säulen-Kirsche	*Prunus serrulata* 'Amanogawa'	5–7	säulenförmig
Thüringische Mehlbeere	*Sorbus × thuringiaca* 'Fastigiata'	5–7	kegelförmig
Tupelobaum	*Nyssa sylvatica*	10–20	schmal kegelförmig, Äste waagrecht am Stamm
Weidenblättrige Birne	*Pyrus salicifolia*	4–6	locker überhängend
Weidenblättrige Hängebirne	*Pyrus salicifolia* 'Pendula'	4–6	Hauptäste knieförmig nach unten gebogen

BÄUME MIT FRUCHTSCHMUCK

DEUTSCHER NAME	BOTANISCHER NAME	HÖHE IN METER	FRÜCHTE
Amberbaum	Liquidambar styraciflua	10–15	Kugeln, 2,5–3 cm dick
Apfeldorn	Crataegus × lavallei 'Carrierei'	5–8	orangerot, apfelähnlich 1,5–2 cm dick
Bergkiefer	Pinus mugo	4–5	Zapfen, 2–6 cm groß
Blasenbaum	Koelreuteria paniculata	6–8	lampionartige Kapseln
Esskastanie	Castanea sativa	15–30	Maronen in 2–3 cm dicken stachligen Kugeln
Gewöhnlicher Judasbaum	Cercis siliquastrum	3–8	Fruchthülsen, 10–12 cm
Hahnendorn	Crataegus crus-galli	4–7	rundlich, rot, 1,5 cm dick
Japanischer Schnurbaum	Sophora japonica	15–20	perlschnurartige Hülsen
Kanadischer Judasbaum	Cercis canadensis 'Forest Pansy'	6–8	Fruchthülsen, 10–12 cm
Kornelkirsche	Cornus mas	4–7	rote Steinfrüchte, 2 cm groß, essbar
Mehlbeere	Sorbus aria 'Magnifica'	6–10	orange-rot, kugelig, 1cm dick
Mispel	Mespilus germanica	3–5	rundlich, 2–4 cm groß
Purpur-Erle	Alnus × spaethii	12–15	Zapfen, 2–2,5 cm lang
Trompetenbaum	Catalpa bignonioides	10–15	bohnenförmige Schoten, bis zu 35 cm lang
Tupelobaum	Nyssa sylvatica	10–20	blauschwarze Kugeln, 1cm
Walnuss	Juglans regia	15–20	Walnüsse
Weidenblättrige Birne	Pyrus salicifolia	4–6	grüne Birne, 2–3 cm groß
Wollapfel	Malus tschonoskii	8–12	gelbgrün bis rötlich, 2 cm
Zierapfel 'Butterball'	Malus 'Butterball'	4–6	gelb glänzend, 2–2,5 cm
Zierapfel 'Evereste'	Malus 'Evereste'	4–6	orangerot, 1,5–2 cm
Zierapfel 'Red Sentinel'	Malus 'Red Sentinel'	4–5	leuchtend rot, –2,5 cm

BÄUME MIT SCHÖNER HERBSTFÄRBUNG

DEUTSCHER NAME	BOTANISCHER NAME	HÖHE IN METER	LAUBFARBE IM HERBST
Amberbaum	*Liquidambar styraciflua*	10–15	flammend rot bis gelb-orange und violett
Apfeldorn	*Crataegus × lavallei* 'Carrierei'	5–8	orange-gelb
Blasenbaum	*Koelreuteria paniculata*	6–8	gelb-orange
Eisenholzbaum	*Parrotia persica*	6–10	gelb-rot bis purpur
Esskastanie	*Castanea sativa*	15–30	goldgelb
Feldahorn 'Elsrijk'	*Acer campestre* 'Elsrijk'	6–12	gelb
Felsenbirne	*Amelanchier arborea* 'Robin Hill'	6–10	leuchtend orange-rot
Französischer Ahorn	*Acer monspessulanum*	4–8	gelb
Gold-Gleditschie	*Gleditsia triacanthos* 'Sunburst'	8–12	leuchtend hellgrünes Blatt, im Herbst bräunlich
Gold-Robinie	*Robinia pseudoacacia* 'Frisia'	8–10	goldgelbes Laub vom Frühjahr bis zum Herbst
Hahnendorn	*Crataegus crus-galli*	4–7	gelb-orange
Hainbuche	*Carpinus betulus*	10–20	goldgelb
Kanadischer Judasbaum	*Cercis canadensis* 'Forest Pansy'	6–8	rotblättrig, Herbstfärbung dunkelbraun-rot
Kornelkirsche	*Cornus mas*	4–7	gelblich bis rot-orange
Kugel-Amberbaum	*Liquidambar styraciflua* 'Gumball'	4–7	orange-gelb bis rot und purpur
Kugel-Feldahorn	*Acer campetre* 'Nanum'	6–8	gelb
Kugel-Spitzahorn	*Acer platanoides* 'Globossum'	5–6	gelb

DEUTSCHER NAME	BOTANISCHER NAME	HÖHE IN METER	LAUBFARBE IM HERBST
Kupfer-Felsenbirne	*Amelanchier lamarckii*	6–8	leuchtend orange-rot
Nelkenkirsche	*Prunus serrulata* 'Kanzan'	7–12	gelb-orange
Pagoden-Hartriegel	*Cornus controversa*	4–8	violettbraun-mattgelblich
Pflaumenblättriger Weißdorn	*Crataegus × prunifolia* 'Splendens'	5–7	flammend gelb-orange bis rot
Purpur-Erle	*Alnus × spaethii*	12–15	violett- bis dunkelrot
Rotblättrige Nelkenkirsche	*Prunus serrulata* 'Royal Burgundy'	5–8	violett-rötlich bis bronze-orange
Roter Spitzahorn	*Acer platanoides* 'Crimson Sentry'	8–10	rotblättrig, Herbstfärbung gelb
Thüringische Mehlbeere	*Sorbus × thuringiaca* 'Fastigiata'	5–7	gelb bis orange-rot
Traubenkirsche 'Schloss Tiefurt'	*Prunus padus* 'Schloss Tiefurt'	9–12	gelb-rötlich
Trompetenbaum	*Catalpa bignonioides*	10–15	hellgelb, früh abfallend
Tupelobaum	*Nyssa sylvatica*	10–20	rot
Säulen-Eberesche	*Sorbus aucuparia* 'Fastigiata'	2–4	gelb
Säulen-Hainbuche	*Carpinus betulus* 'Frans Fontaine'	8–10	goldgelb
Speierling	*Sorbus domestica*	10–15	gelb bis orange
Vogelbeere	*Sorbus aucuparia*	6–12	gelb bis orange-rot
Walnuss	*Juglans regia*	15–20	gelb
Winterlinde	*Tilia cordata* und Sorten	15–25 bzw. 8–12	gelb
Wollapfel	*Malus tschonoskii*	8-12	gelb-orange-rot
Zierkirsche 'Accolade'	*Prunus* 'Accolade'	5-7	gelb bis gelborange

PFLANZENNAMEN

DEUTSCH	BOTANISCH
Amberbaum	*Liquidambar styraciflua*
Amberbaum 'Worplesdon'	*Liquidambar styraciflua* 'Worplesdon'
Apfeldorn	*Crataegus × lavallei* 'Carrierii'
Bergkiefer	*Pinus mugo*
Blasenbaum	*Koelreuteria paniculata*
Eisenholzbaum	*Parrotia persica*
Eisenholzbaum 'Vanessa'	*Parrotia persica* 'Vanessa'
Esskastanie	*Castanea sativa*
Feldahorn 'Elsrijk'	*Acer campestre* 'Elsrijk'
Felsenbirne	*Amelanchier arborea* 'Robin Hill'
Französischer Ahorn	*Acer monspessulanum*
Gold-Gleditschie	*Gleditsia triacanthos* 'Sunburst'
Gold-Robinie	*Robinia pseudoacacia* 'Frisia'
Gold-Trompetenbaum	*Catalpa bignonioides* 'Aurea'
Hahnendorn	*Crataegus crus-galli*
Hainbuche	*Carpinus betulus*
Hängende Nelkenkirsche	*Prunus serrulata* 'Kiku-shida-re-zakura'
Japanischer Schnurbaum	*Sophora japonica*
Judasbaum	*Cercis siliquastrum*
Judasbaum 'Alba'	*Cercis siliquastrum* 'Alba'
Kanadischer Judasbaum	*Cercis canadensis* 'Forest Pansy'
Kleinkronige Winterlinde 'Rancho'	*Tilia cordata* 'Rancho'
Kobus-Magnolie	*Magnolia kobus*
Kornelkirsche	*Cornus mas*
Kugel-Amberbaum	*Liquidambar styraciflua* 'Gumball'
Kugel-Feldahorn	*Acer campestre* 'Nanum'
Kugel-Spitzahorn	*Acer platanoides* 'Globossum'
Kugel-Trompetenbaum	*Catalpa bignonioides* 'Nana'
Kupfer-Felsenbirne	*Amelanchier lamarckii*
Magnolie 'Black Tulip'	*Magnolia* 'Black Tulip'

DEUTSCH	BOTANISCH
Mispel	*Mespilus germanica*
Nelkenkirsche	*Prunus serrulata* 'Kanzan'
Pagoden-Hartriegel	*Cornus controversa*
Pflaumenblättriger Weißdorn	*Crataegus × prunifolia* 'Splendens'
Purpur-Erle	*Alnus × spaethii*
Purpur-Magnolie	*Magnolia liliiflora* 'Nigra'
Rotblättrige Nelkenkirsche	*Prunus serrulata* 'Royal Burgundy'
Rotdorn	*Crataegus laevigata* 'Paul's Scarlet'
Roter Spitzahorn	*Acer platanoides* 'Crimson Sentry'
Säulen-Eberesche	*Sorbus aucuparia* 'Fastigiata'
Säulen-Hainbuche	*Carpinus betulus* 'Frans Fontaine'
Säulen-Kirsche	*Prunus serrulata* 'Amanogawa'
Speierling	*Sorbus domestica*
Thüringische Mehlbeere	*Sorbus × thuringiaca* 'Fastigiata'
Traubenkirsche 'Schloss Tiefurt'	*Prunus padus* 'Schloss Tiefurt'
Trompetenbaum	*Catalpa bignonioides*
Tulpen-Magnolie	*Magnolia soulangeana*
Tupelobaum	*Nyssa sylvatica*
Walnuss	*Juglans regia*
Weidenblättrige Birne	*Pyrus salicifolia*
Weißbunter Pagoden-Hartriegel	*Cornus controversa* 'Variegata'
Winterlinde	*Tilia cordata*
Winterlinde 'Greenspire'	*Tilia cordata* 'Greenspire'
Wollapfel	*Malus tschonoskii*
Zierapfel 'Butterball'	*Malus* 'Butterball'
Zierapfel 'Evereste'	*Malus* 'Evereste'
Zierapfel 'Red Sentinel'	*Malus* 'Red Sentinel'
Zierapfel 'Royalty'	*Malus* 'Royalty'
Zierapfel 'Rudolph'	*Malus* 'Rudolph'
Zierkirsche 'Accolade'	*Prunus* 'Accolade'

ADRESSEN

Baumschulen

Hier finden Sie eine Auswahl von Markenbaumschulen im gesamten Bundesgebiet.

Der Bund deutscher Baumschulen bietet unter
http://www.gruen-ist-leben.de/service/baumschulsuche/ einen Service zur Baumschulsuche an. Dort finden Sie Fachbetriebe in Ihrer Umgebung.

Späth'sche-Baumschulen Handel GmbH
Späthstr. 80/81
12437 Berlin
Tel.: 030 / 639003-0
www.spaethsche-baumschulen.de

H. Lorberg Baumschulerzeugnisse GmbH & Co. KG
Zachower Str. 4
14669 Ketzin OT Tremmen
Tel.: 033233 / 840
www.lorberg.com

Baumschule Lorenz von Ehren GmbH & Co. KG
Maldfeldstr. 4
21077 Hamburg
Tel.: 040 / 76108-0
www.lve-baumschule.de

Eggert Baumschulen
Inh. Jörg Eggert
Baumschulenweg 4
25594 Vaale
Tel.: 04827 / 932627
www.eggert-baumschulen.de

Baumschule Horstmann GmbH & Co. KG
Schäferkoppel 3
25560 Schenefeld (Mittelholstein)
Tel.: 04892 / 8993-400
www.baumschule-horstmann.de

Bruns Pflanzen-Export GmbH & Co. KG
Johann-Bruns-Allee 1
26160 Bad Zwischenahn
Tel.: 04403 / 601-0
www.bruns.de

VF - Pflanzen von Falkenhayn GmbH & Co. KG
Steenkampweg 1
26160 Bad Zwischenahn
Tel.: 04403 / 9486-0
www.vf-pflanzen.de

Kleimann-Baumschulen
Inh. Ulrich Kleimann
Herforder Str. 154
32105 Bad Salzuflen
Tel.: 05222 / 59267
www.kleimann-baumschulen.de

Baumschulgarten Enneking
Vördener Straße 42 a
49401 Damme
Tel.: 05491 / 2453
www.baumschulgarten-enneking.de

Wilhelm Ley GmbH Baumschulen/Garten-Center
Baumschulenweg 20
53340 Meckenheim
Tel.: 02225 / 9144-0
www.ley-baumschule.de

Baumschule Huben
Schriesheimer Fußweg 7
68526 Ladenburg
Tel.: 06203 / 92800
www.huben.de

Hohenloher Baumschulen GmbH
Goldberg 4
74653 Künzelsau
Tel.: 07940 / 98787-0
www.hohenloher-baumschulen.de

Baumschule Messerle
Aspenhof 1
73269 Hochdorf
Tel.: 07153 / 51292
www.messerle.de

Wörlein Baumschulen GmbH
Baumschulweg 9
86911 Dießen am Ammersee
Tel.: 08807 / 9210-0
www.woerlein.de

Karl Schlegel Baumschulen OHG
Göffinger Straße 40
88499 Riedlingen
Tel.: 07371 / 9318-0
www.karl-schlegel.de

Grünes Zentrum Schopf
Höllwiesenstraße 59
90453 Nürnberg
Tel.: 0911 / 638631
www.gruenes-zentrum-schopf.de

H. Schmidtlein Baumschule & Pflanzencenter
Oberer Bühl 18
91090 Effeltrich
Tel.: 09133 / 821
www.baumschule-schmidtlein.de

Baumschule Müllerklein
Inh. Gerhard Rüb und Dominik Rüb
Eußenheimer Straße 3
97753 Karlstadt
Tel.: 09353 / 97150
www.muellerklein.de

Baumschule Münkel GdbR
Inh. Manfred Münkel
Talsiedlung 6
97900 Külsheim-Hundheim
Tel.: 09345 / 400
www.baumschule-muenkel.de

STICHWORTVERZEICHNIS

Bildnachweis:
Flora Press/BIOSPHOTO/Virginie Quéant: 83; Flora Press/gartenfoto.at: 6/7; Flora Press/GWI: 54/55, 71; Flora Press/Lilian-na Sokolowska: 58; Flora Press/Liz Eddison, Design: Rachel de Thame - RHS Chelsea 2008: 16; Flora Press/MAP: 10, 26, 28 (Einklinker); Flora Press/Martin Hughes-Jones: 15u, 63; Flora Press/Nova Photo Graphik/: 24, 40 (Einklinker), 56; Flora Press/Ute Klaphake: 33 (Einklinker); Flora Press/Visions/Modeste Herwig: 4/5, 46; Flora Press/Visions: 28, 33, 48, 82; Floramedia: 17, 40, 45, 49, 66; GAP Photos/Robert Mabic: 74/75; Glück – shutterstock.com: 85; Guentermanaus – shutterstock.com: 44; Guitar photographer – shutterstock.com: 1, 76 (Einklinker); Galina – shutterstock.com:

70; HHelene – shutterstock.com: 87; Luciezr – shutterstock.com: 61; Martin Fowler – shutterstock.com: 23; mauritius images / age fotostock / Steffen Hauser: 37; auritius images / B Christopher / Alamy: 80 (Einklinker); mauritius images / Carole Carpentier / Alamy: 32; mauritius images / Clare Gainey / Alamy: 32; mauritius images / Claudia Holzförster / Alamy: 76; auritius images / Dorling Kindersley ltd / Alamy: 35; mauritius images / RM Floral / Alamy: 53ur; mauritius images / Susan A Roth / Alamy: 5o, 80, 81; mauritius images / Tim Gainey / Alamy: 51; mauritius images / Zoonar GmbH / Alamy: 64; mauritius images/ United Archives / McPHOTO / Hans-Roland Müller: 39; Photocrew – fotolia.com: 86; Pixelot – fotolia.com: 4or, 90; Popp:

68 (beide); Printemps – fotolia.com: 77; ressormat – shutterstock.com: 90, 91; Timmermann: 2/3, 4o, 9, 11, 12, 18/19, 20/21, 22, 30, 31, 36, 38, 42, 53, 60, 73, 78; Toman: 13, 15o, 34, 35 (Einklinker); www.Eggert-Baumschulen.de: 8, 42 (Einklinker), 56 (Einklinker), 58 (Einklinker links), 72, 79, 84; www.LvE.de: 25, 27, 50, 52, 62, 70; adiraka Evgenii – shutterstock.com: 89

Dn Br – shutterstock.com: Icons Blüte, Frucht, Höhe

ÜBER DIE AUTORIN

Bärbel Faschingbauer ist Diplom-Ingenieurin der Landespflege und Fachjournalistin. Nach dem Studium arbeitete sie als kommunale Fachberaterin, wo sie nahezu alle Bereiche rund um die Garten- und Landschaftsgestaltung betreute. Nach zehn Jahren wechselte sie in die Selbstständigkeit, und weil sie nicht nur leidenschaftlich auf den Gebieten Gartenkultur, Gartendenkmalpflege, Pflanzenverwertung und Gartenpädagogik arbeitet, sondern auch genauso gerne darüber schreibt, absolvierte sie zusätzlich eine journalistische Ausbildung. Seither textet sie für Fachzeitschriften, Bücher und alle Kommunikationsmedien rund um das Thema Garten.

Impressum

Bibliografische Information der Deutschen Nationalbibliothek
Die Deutsche Nationalbibliothek verzeichnet diese Publikation in der Deutschen Nationalbibliografie; detaillierte bibliografische Daten sind im Internet über http://dnb.d-nb.de abrufbar.

BLV Buchverlag
GmbH & Co. KG

80636 München

© 2017 BLV Buchverlag GmbH & Co. KG, München

Das Werk einschließlich aller seiner Teile ist urheberrechtlich geschützt. Jede Verwertung außerhalb der engen Grenzen des Urheberrechtsgesetzes ist ohne Zustimmung des Verlags unzulässig und strafbar. Das gilt insbesondere für Vervielfältigungen, Übersetzungen, Mikroverfilmungen und die Einspeicherung und Verarbeitung in elektronischen Systemen.

www.facebook.com/blvVerlag

Umschlagkonzeption und -gestaltung:
Irina Pascenko
Umschlagfotos: shutterstock (Grafik Vorderseite)
Timmermann (Rückseite)

Lektorat: Rita Meixner
Herstellung: Hermann Maxant

Layoutkonzept Innenteil und DTP:
Irina Pascenko

Gedruckt auf chlorfrei gebleichtem Papier

Printed in Germany

ISBN 978-3-8354-1706-9

Hinweis
Das vorliegende Buch wurde sorgfältig erarbeitet. Dennoch erfolgen alle Angaben ohne Gewähr. Weder Autorin noch Verlag können für eventuelle Nachteile oder Schäden, die aus den im Buch vorgestellten Informationen resultieren, eine Haftung übernehmen.